14

WEALTH&
DREAM

14

WEALTH&
DREAM

只用10%的薪水
讓全世界的財富都聽你的

The Richest Man in Babylon

10萬本暢銷版

喬治・山繆・克雷森 George Samuel Clason／著
鄧捷文／譯

WEALTH& DREAM 14 只用10%的薪水，讓全世界的財富都聽你的

原著書名 The Richest Man In Babylon
作　　者 喬治・山繆・克雷森（George Samuel Clason）
譯　　者 鄧捷文
美　　編 吳佩真、李緹瀅
文　　編 林淑婉
主　　編 高煜婷
總 編 輯 林許文二

出　　版 柿子文化事業有限公司
地　　址 11677臺北市羅斯福路五段158號2樓
業務專線 （02）89314903#15
讀者專線 （02）89314903#9
傳　　真 （02）29319207
郵撥帳號 19822651柿子文化事業有限公司
投稿信箱 editor@persimmonbooks.com.tw
服務信箱 service@persimmonbooks.com.tw

業務行政 鄭淑娟、陳顯中

初版一刷 2012年06月
三版一刷 2021年03月
定　　價 新臺幣299元
I S B N 978-986-99768-6-2

國家圖書館出版品預行編目(CIP)資料

只用10%的薪水，讓全世界的財富都聽你的／喬治・山繆・克雷森（George Samuel Clason）作；鄧捷文翻譯. -- 二版. -- 臺北市：柿子文化, 2021.03
面；　公分. --（Wealth&Dream ;14）
譯自：The Richest Man In Babylon
ISBN 978-986-99768-6-2（平裝）

1.職業倫理 2.財富

198　　110001311

專家一致推薦

我們可以簡單地把人分為三種，一種是富人，一種是窮人，而在中間的就是中產階級，徘徊在向左走還是向右走的十字路口。這三種人都有著不同的性格與工作態度，之所以在那個位置，都有其必然的原因。

窮人聽天由命，只做自己有興趣的事，靠的是體力和技能，做得少自然獲得的少。中產階級呢？每天疲於奔命，努力做該做的事，做得多領得多，靠的是學歷和知識。富人又是怎麼做呢？富人知命造命，帶一群人做該做的事，靠的是信念和系統。

在《只用10%的薪水，讓全世界的財富都聽你的》中，我們能從許多故事中悟出以上的道理。每個人都想做富人，享有財務自由，但真正能做到者要有堅強的意志。本書所羅列的六十五個致富祕訣，多運用一個，就會多為自己的口袋賺進財富——閱讀別人的故事，只是個開始，只有自己踏實去做了，才能創造自己的財富之路。

——林筠騏，《財經火線論壇》主持人

《只用10%的薪水，讓全世界的財富都聽你的》是美國現代理財史上的里程碑，被譽為個人理財的聖經。書中闡釋的「首先要付錢給自己」以及「把收入的10％用於儲蓄，70％用於花費，20％用於投資」等原則令人嘆服。美國的許多成功人士，包括我在內，無不從中汲取了巨大的力量。

……這本書已經賣出了三百萬冊了！

——羅勃特．T．清崎（Robert T. Kiyosaki），《富爸爸，窮爸爸》作者

在節儉和理財規劃這個主題上，這本書被讚譽為一部鼓舞人心的作品，它可以指出一種能達到你理想境界的生活方式。

——奧格．曼迪諾（Og Mandino），勵志大師，《世界上最偉大的推銷員》作者

每當年輕人向我尋求致富之道時，我都會把本書送給他們當作禮物。同時建議他們，如果他們能夠仔細研讀其中的內容，並按照書裡的方法加以實踐，就可以看到神奇的效果。本書蘊含了非同凡響、洗鍊的建議，對那些初踏足社會的年輕人來說，真的是一本必讀的最佳書籍。

——拿破崙．希爾（Napoleon Hill），勵志大師

當我一開始讀它，就停不下來……作者所寫的這本書，是稀有珍貴的信息、靈感、啟示和娛樂的完美組合。

——亨利．E．福特（Henry E. Ford），《成功就是你》作者

我過去四十年曾推薦這本書給至少四百萬人，並保證克雷森可以幫助你創造財務的獨立性……走出門、尋找、購買並閱讀這本書吧！

——吉姆．羅恩（Jim Rohn），國際知名商業哲學家、美國Jim Rohn訓練機構創辦人

財務的自由來自於一個人可以存下他有生之年所有收入的百分之十或更多，針對此，你所能做的最聰明的一件事就是——養成存下你部分工資和薪水的習慣……而存下資本的第一個法則，就是喬治．克雷森在《只用10%的薪水，讓全世界的財富都聽你的》所寫的——「將錢付給自己」！

——布萊恩．崔西（Brian Tracy），成功學大師、暢銷書《征服自己》作者

序言

我們的國家繁榮與否，端看國民個人的財力狀況是否雄厚。本書與我們每個人的成功息息相關。成功，表示我們的努力與才能有所成就；想要成功，關鍵就是要做好充分的準備。我們的行動不會比思維還要聰明，而我們的思維也不會比理解來得睿智（編註：所以，要先理解才有辦法進行獨立思考，要先思考，你的行動才會有效果）。

這本幫助人們擺脫窮困的書，被稱作理財的經典指南，主要目的在於：讓想要致富的人洞悉最好的實踐方法，幫助他們賺錢、存錢，並且以錢滾錢。

在接下來的內容之中，我們將回到巴比倫——這個孕育現今世界基本財政原則的搖籃，如今這些概念依然受用。

對於新的讀者們，作者表示很樂意分享這些致富原則，書中內容富含啟發性，有助於增加銀行積蓄，使財富更為成長，也能幫助解決個人財務的問題——這些方法都已經受到各地讀者的熱烈迴響。

對於將此書大量分享給親戚朋友、員工或合夥人的企業主管，作者想藉此機會致上最大的謝意。因為對本書再多的贊同背書，都比不上讀者實際藉由此書推廣的方法獲得成功。

巴比倫成為古代世界最富裕有城市，是由於她的人民都是當代最有錢的富豪——他們使錢能夠自我增值：以健全的財政原則來賺錢、保有財富，並且以錢滾錢，讓自己獲得所有人都想要的——未來的財富。

喬治・山繆・克雷森

前言

未來就在眼前，如同延伸至遠方的道路。一路上，到處都有你想追求的雄心抱負，以及你所追求的渴望。

要滿足你的抱負與欲望，就得要會賺錢，善用書中簡明扼要的守則，讓自己乾巴巴的荷包飽滿起來，幸福的生活就不再是空談。這些守則就如同萬有引力的定律一樣，放諸四海皆準，並恆久不變。許多人因此受惠，你也不會例外，這把鑰匙將引你進入財富之門，讓你荷包滿滿，銀行存款日益增多，從此財運亨通。

瞧，只要了解這些簡單守則，就能財源滾滾！

1 荷包開始增胖

2 控制花費支出

3 財產持續增值

4 防止財富流失

5 房產也是投資

6 確保未來收入

7 提升賺錢能力

史書所描繪的巴比倫

歷史記載中，沒有其他城市能像巴比倫那樣迷人，光是提到這座城市的名字，眼前就會浮現富裕又輝煌的景象——城中的金銀珠寶，多到令人難以置信！大家都以為，這樣一座富裕城市，應該是坐落在富庶的熱帶奢華地區，被豐富的森林自然資源與礦脈所包圍。然而，事實卻非如此，巴比倫位於幼發拉底河旁，處於平坦又乾旱的河谷之中，周圍沒有森林，也沒有礦脈——就連要蓋房子的石頭也沒有！它甚至不在商人往來的天然商道上，降雨量不足，無法種植作物。

巴比倫是相當顯著的範例，證明人有能力妥善運用方法來完成偉大的目標。支持這座大城的所有資源，都是人為發展出來的，而其所有財富也都是出自於人的雙手。

巴比倫城只有兩種資源——沃土與河水。巴比倫的工程師達成了從古至今堪稱最棒的工程成就，成功地以建造水壩與巨大灌溉渠道等方法，使河流改道，讓河水能沿著渠道流經乾旱的溪谷，以灌溉肥沃的土壤並孕育生命。這項工程是歷史上最卓越的功績之一，而如此空前的灌溉系統，也讓巴比倫的農作物得以豐收。

幸運的是，在悠長的歲月裡，巴比倫如此富饒的城市，其王位均由繼位的國王承襲，他們免不了要面對外來者的攻佔與掠奪，但都不是什麼危急的大事件。前後發生的許多戰爭中，大多都是內戰或是守城抵抗從其他國家遠道而來、覬覦著巴比倫豐富財寶的野心征服者。巴比倫傑出的統治者能在歷史中留名，皆歸功於他們自己的智慧、豐功偉業與正義無私；巴比倫的統治者不像其他趾高氣揚的君主那樣，試圖征服天下，自我中心地讓其他國家宣示效忠自己。

不過，巴比倫到最後依然是消失了，當數千年的時光過去，而精力充沛地建設並修繕城池的人們離開之後，它很快地就變成沙漠廢墟。城市的遺址位在亞洲，約在蘇伊士運河東方九百六十五公里處，即波斯灣北方，緯度大約是赤道往北三十度，跟亞利桑那州的優馬地區同緯度，所以天氣也與美國此處城市相同，既炎熱又乾燥。

這條幼發拉底河谷曾經是人口稠密的農業灌溉區域，如今變成了一個狂風吹掃的乾旱荒地，貧瘠的草地與沙漠灌木在風沙中奮力求生；肥沃的土地、宏偉的城市與富商的綿延商隊，都已不再復見；只有少數阿拉伯人的游牧族群，靠著放牧小群牲畜勉強過活，他們是此地僅存的居民，從西元年初期就一直如此。

點綴著這片河谷的是一座座的小土丘，幾個世紀以來，旅人都認為此處沒啥價值，而吸引考古學家重回此地的，是被暴雨偶然沖刷出的一些破陶罐與磚頭。歐洲與美國的博物館出資的探索隊到此開鑿，試圖找出新的出土物。透過十字鎬與鐵鏟的開挖，人們很快就證明這些土丘曾經是座古城，或許應該說——是古城的墳墓。

巴比倫城就是其中之一。經過約二十個世紀的時間，城池風化為沙塵，原本由磚頭所建造的牆垣，都已經瓦解碎裂並回歸大地，這就是富裕的巴比倫城現今的樣貌。堆積的土塵被遺棄了許久，甚至沒有人知道這座城的名字，一直到人們小心清除掩蓋於其上的廢棄物，宏偉的街道、貴族殿堂與皇宮的殘跡才終於展露了它的面貌。

許多科學家認為，巴比倫與河谷中其他城市的文明，是確切記載中最古老的文明，也有證據證實時間可追溯至八千年前，而用來推論年代數據的方法相當有趣。在巴比倫遺跡中，發現了有關日蝕的描述，現代天文學家很容易就估算出此日蝕何時出現、何時能從巴比倫城觀察到此日蝕現象，並配合現代曆法計算出其年代。

透過此方法，我們已證明：約在八千年前，蘇美人居住在巴比倫這個被高聳城牆守護的城市內。我們推測，在幾個世紀以前，這些城市早已在此佇立。這些城市的居民並不是住在高牆內的野蠻人，而是受過教育的知識分子。據歷史記載，這些人是世界上最早的工程師、天文學家、數學家、金融家，也是最早擁有書寫語言能力的人。

先前我們已提到，他們的灌溉系統讓這片乾旱的河谷變成農業天堂，如今，這些渠道遺跡依然存在，雖然大多都堆滿了泥沙。有些渠道的尺寸，能在河水被抽乾時，供十二匹馬並列行走於渠道底部，相當於科羅拉多州與猶他州最大運河的規模。

為了灌溉河谷土地，巴比倫工程師還完成另一項同等規模的工程：透過複雜的排水工程，他們將幼發拉底河與底格里斯河口的廣大沼澤地，變成了農耕地。

希羅多德是希臘的旅行家和歷史學家，曾在巴比倫的全盛時期到此地造訪，並留給後世唯一由外人所描述的巴比倫形象。他不僅描繪了城市本身，和當地人民的特殊服裝與風格，也提到當地土壤特別肥沃，居民種植的小麥與大麥都能豐收。

雖然巴比倫的榮光不再，但其中的智慧卻被保留了下來，讓我們也因此而受惠。在那遙遠的年代，紙張尚未發明，他們得費力地在潮濕的泥版上刻字，刻寫完成後，再將泥版烘烤成硬石版，每塊石版面積約十五乘二十公分大、二點五公分厚。

這些泥土石版的功用，就如同現在的書寫工具，上面刻寫著許多傳說、詩文、歷史、王室政令謄本、土地法規、財產權狀、契約書，甚至是委託信使遞送到遠方城市的信件。透過這些石版，我們還可以得知私密、個人的內情，例如有塊石版確定是來自國家軍需品管理員，上面如此記載，某天有個客人帶了一隻牛來，想要交換七袋小麥，當時只換得了三袋小麥，而其他四袋則要等到客人設法取悅自己後才會成交。

這些石版相當完整地埋在斷垣殘壁中，考古學家找遍整棟書庫，總共發現數十萬塊石版。

巴比倫之謎中最大的疑雲，是關於城市周圍的巨大高牆，古人將其與埃及的大金字塔並列於「世界七大奇景」。據信，賽米拉米斯皇后是城市早期歷史中，首位建立了城牆的人。現代的挖掘者已找不到原始城牆的痕跡，所以也無從得知城牆的確切高度。根據早期的記錄，城牆估計約有十五至十八公尺高，外面是由燒過的磚頭所砌成，周圍還有很深的護城河。而晚期較有名的，則是在大約西元前六百年，由那波帕拉薩爾國王所建造的城牆。由於重建工程規模相當龐大，所以國王過世時城牆尚未完工，遂由兒子尼布甲尼撒王接手竣工——此人名常見於《聖經》故事當中。

這些晚期城牆的高度與長度相當令人吃驚，據可靠證據指出，約有四十八公尺高，大概等同於現在十五層樓建築物的高度；總長估計約有十四至十七公里長，寬度則可以在頂端容納一輛六匹馬拉行的馬車行駛。而如此驚人的建築，如今卻只剩下部分地基與護城河的遺跡。城牆被徹底破壞的另一個原因，是由於後來阿拉伯人將城牆的磚頭挖走，運至別處進行建設。

當時幾乎所有侵略者都曾經兵臨巴比倫城外，許多國王試圖圍攻巴比倫，但從未成功過。當時要進行圍城戰可不是容易的事，歷史學家表示，一場戰爭約需一萬名騎兵、兩萬五千輛馬車、還有一千兩百團、每團一千人的步兵，為支援如此規模的軍隊，通常要耗費兩至三年來準備戰時所需物資，並在進軍路線上配置糧草補給站。

巴比倫城的架構就如同現代的城市，街道與商店林立，小販就在居住地區販賣物品，神殿中有祭司主持儀式。城中另外還有圍牆，裡面是屬於皇宮的區域範圍，據說這些圍牆比外城的城牆還要高。

巴比倫人頗擅長打造藝術品，包括雕像、油畫、紡織、冶金、製造金屬武器與農業器具等；他們的珠寶匠製作許多精美、富藝術氣息的珠寶。在巴比倫有錢人家的墳中，出土了許多珠寶首飾，目前都在世界一流的博物館中展覽。

早期，當全世界還在用石斧砍樹，或用石尖長矛與弓箭狩獵時，巴比倫人就已經開始使用金屬製的斧頭、與金屬箭頭所製成的長矛與弓箭了。

巴比倫人也是聰明的金融家與商人，如同大眾所知，他們是最先發明使用金錢作為交易手段的人，也是首先發明契約書與財產所有權狀的人。

巴比倫城從未被外敵入侵城中，直到西元前五百四十年才破功，但其城牆依然未被攻破。巴比倫城淪陷的故事相當不尋常：居魯士是當時最強大的侵略者，極欲攻打巴比倫，並攻下「攻不破的城牆」。當時的巴比倫國王是拿波尼度，他身邊的諫臣說服他迎戰居魯士，並且在城池被圍攻之前就主動開戰。沒想到結果竟是慘敗，軍隊甚至逃離了巴比倫城，因此居魯士進入了大開的城門，並在毫無遭遇抵抗的情況下，奪下巴比倫城的統治權。

自此以後，巴比倫的勢力與威望逐漸沒落，直到數百年後，更遭遇被棄置的命運而化為荒漠，任由風沙將曾經佇立在此的宏偉，再度夷平為沙漠大地。雖然巴比倫城倒塌，再也不會興起了，但人類擁有的現代文明著實該歸功於巴比倫城。

時間的永恆粉碎了巴比倫神殿的榮光高牆，但其智慧卻將永遠流傳。

◆金錢是世俗間衡量成功與否的媒介之一。

◆金錢讓世俗間的極致享受化為可能。

◆金錢會使懂得理財法則的人，愈來愈富裕。

◆金錢滾滾而來的法則，從六千年前巴比倫街上擠滿有錢人的時代開始，一直到現在都沒有改變。

-CONTENTS-

1 渴望有錢的人

愛錢有理，要先有致富的意識

夢裡我是個有錢人，
腰帶上掛著時髦的錢袋，
沉甸甸地裝滿了錢幣……

班錫爾是巴比倫城的馬車製造商，整個人看起來相當沮喪。他坐在環繞自家房舍的矮牆上面，難過地凝視著簡陋的家，還有那間停放著一台未完工馬車的開放式工坊。

他的妻子不時探身出現在打開的門邊，三不五時偷偷的瞥他一眼，像是在提醒他：家中的米袋已經快要空了，趕快動手把馬車敲敲補補、打磨上色、在輪框上綁緊皮革以準備交貨，這樣才能從富有的顧客手中換取些許生活開銷所需的錢幣。

但是他那又肥又壯的身軀，卻依舊無精打采地坐在矮牆上，遲鈍地思考著沒有解答的難題。幼發拉底河谷一貫熾熱的陽光毫不留情的灑在他身上，斗大的汗珠從額頭上涔涔地流下，不知不覺地消失在濃密的胸毛中。

在他家後方，坐落著高聳圍牆包圍的皇宮，不遠處就是直入雲霄的貝爾神殿彩色高塔，而在這些宏偉建築的陰影下，卻是許許多多簡陋、寒酸失修的房舍，他的家也在其中。巴比倫就是這樣的一個地方，混合了宏偉壯麗與髒亂不堪的景象；在這城邦的護城牆裡，耀眼的財富與慘淡的貧困，毫無條理地交織摻雜在一起。

他關心的回頭看，在身後引起他注意的是，那些富人嘈雜的馬車不斷地推擠路上穿著涼鞋的商人和赤腳的乞丐們，甚至連一些有錢人也被迫擠到路旁水溝邊，就是為了要清出一條路來，讓長長的奴隸隊伍通過。每個奴隸身上都背著沉重的羊皮水袋，正要到皇宮為國王的空中花園澆水。

班錫爾太過專注於心中的難解問題，以至於沒有聽到或注意到這繁忙市街上的混亂喧鬧聲。突然間，一陣熟悉的豎琴聲將他從遐想恍神中喚醒。他轉過身，深深地凝視著他那最好的朋友——音樂家卡比那張敏銳、微笑的臉龐。

「願眾神保佑並賜予你豐富的財富，我的朋友。」卡比熱情地向班錫爾致意後，接著說，「眾神的確對你們非常慷慨，至少你們不需要辛勤勞動，我真為你們的好運感到欣喜。我更希望能與你們分享這一切——你的錢包一定相當飽滿，所以才不用在工坊裡忙碌，我祈求你能借我兩枚錫克爾（註：巴比倫的貨幣單位），晚上參加過貴族的饗宴後一定會還你，絕不拖延。」

班錫爾憂鬱的回答道：「就算我真的有兩枚錫克爾好了，我也不會借給任何人，即使是你——我最好的朋友；因為這兩枚錫克爾將會是我的財產，是我全部的財產。沒有人會把自己的所有財產借出去，即使那個人是你最好的朋友。」

卡比打從心底感到驚訝：「什麼？你的荷包裡連一枚錫克爾都沒有？那你怎麼還能像座雕像般的一直杵在那兒！為什麼不快點去完成馬車呢？你還有其他辦法能餵飽

你那旺盛的食欲嗎？這太不像你了呀！我的朋友，你那無窮的精力跑去哪了？有什麼事困擾著你？難道是眾神給了你什麼難題？」

「一定是眾神想要折磨我吧！」班錫爾同意地說：「一切都是從那個夢開始——一個莫名其妙的夢。夢裡我是個有錢人，腰帶上掛著時髦的錢袋，沉甸甸地裝滿了錢幣。我不假思索地掏給乞丐大把大把的錫克爾，還花了一些銀幣買華麗的服飾給太太，也買了我自己想要的一切。我所擁有的財產讓我對未來充滿了安全感，即使花掉再多的銀幣也不怕——我的內心充滿無比光榮的滿足感！你絕對認不出我是以前那個辛勤工作的朋友；你也絕對認不出我太太，沒有一絲皺紋的容顏閃耀著幸福的光輝，再次揚起嘴角微笑，彷彿變回新婚時期的那個青春少女。」

1 致富祕訣

有錢並不是壞事，財富除了能讓人衣食無缺，還能讓人對生活和未來更有安全感。

「的確是個令人愉悅的美夢，」卡比表示，「但為何如此美夢，反而讓你變成牆邊一尊憂容滿面的石像呢？」

「就是說啊，為什麼呢？因為醒來以後，我想起自己的錢袋依然空空如也，一種抗拒的心情突然席捲而來。讓我們一同回首過去吧！

就像水手說的，我們兩個都在同一條船上。年幼時，我們一同向祭司拜求智慧；少年時，我們彼此共享歡樂；成年後，我們依然還是最好的朋友，對於自己的生活也相當滿足——長時間拼命工作，再盡情地把收入花掉。只是，過去這段時間以來，我們雖然是賺了不少錢，但卻從來沒有真正體驗過財富帶來的快樂。竟然還得靠想像的！呸！

我們大概比綿羊還要笨吧？我們住在世界上最富有的城市裡，旅人都說沒有其他地方可以像這裡一樣富裕，但即使大把財富就在眼前，我們卻一無所有！在辛苦了大半輩子後，你——我最好的朋友，依然錢袋空空地跟我說：『借我一點錢好嗎？兩枚錫克爾就好，晚宴過後就還你，好嗎？』然後呢，我該回答什麼？我是不是該這樣說，『這是我的錢袋，我很樂意跟你分享裡面的錢？』不可能啊！我承認我的錢袋跟你的一樣都是空空如也。這到底是怎麼一回事？為什麼我們賺不到足以衣食無缺的錢，甚至更多的金銀財寶？」

「還有，也想想我們的孩子吧！」班錫爾繼續說：「難道他們不是正在步入他們父親的後塵嗎？甚至他們的家人還有子子孫孫，也都會住在這四處瀰漫金銀財寶的城市裡。難道他們得像我們一樣，喝著酸羊奶與麥片粥度日就滿足了？」

「我們相識的這些年來，你都不曾說過這種話，班錫爾。」卡比感到非常困惑。

「因為過去我從來沒這樣想過。從日出到日落，我一直辛勤打造品質最精良的馬車，誠懇期待哪天眾神會認同我的努力，並賜予我優沃的財富，但祂們從未實現我的願望。最後，我總算瞭解到眾神是永遠不會認同我的，所以我很傷心。我想要變成有錢人，想要有自己的土地、牛隻、精美華服、還有充滿錢幣的錢袋。為了達成這個願望，我願意用盡渾身的氣力、發揮雙手所擁有的優良技能、費盡所有的巧思來努力工作，我只求我的努力能夠得到相同的回報。我們到底做錯了什麼？我再問你一次，為什麼我們不能像有錢人一樣買得起好東西呢？」

「我也想知道答案啊！」卡比回答：「我也跟你一樣不怎麼滿意。彈豎琴賺來的盤纏很快就用光了，我得仔細規劃花費，家人才不會挨餓。況且，我還深切渴望能擁有一把大豎琴，足以彈奏出我內心洶湧澎湃的旋律；如果我有一把大豎琴，就能彈奏出連國王都未曾聽過的美妙音樂了。」

「你真該要有這麼一把好琴，巴比倫沒有人可以彈得比你更好——你的琴彈得是如此優美，別說國王了，就連眾神都會因你而愉悅。但是我們倆都跟國王的奴隸一樣窮，你怎麼買得起？聽聽那鈴聲，他們來了。」他指向一列裸著上身、汗流浹背的運水工隊伍，他們腳步沉重地從河邊走向狹小的街道，五個人一排比肩行走，彎曲的身子上都背著沉重的羊皮水袋。

「看看隊伍的領頭，身型是如此的美好。」卡比指著走在隊伍最前方，那個身上沒有背著任何重物，而是拿著搖鈴的男子：「看得出來，他在自己的國家裡一定會非常顯眼出眾。」

「隊伍裡也有很多人身材樣貌都很不賴，」班錫爾同意地說：「就像我們一樣好。那個金髮男子是北方來的；那正在大笑的黑人男子是從南方來的；個頭比較矮小的棕色皮膚男子則是從鄰近國家來的……他們總是排成一隊，從河邊走向皇宮花園，然後再走回河邊——來來回回、日復一日、年復一年。他們的未來沒有任何幸福與快樂可言；永遠只能睡在稻草上面，吃著堅硬擱牙的麥片粥，這些野人們真是可憐啊！卡比。」

「我很同情他們，不過，雖然我們自稱是自由之身，相較之下卻也比他們好不到哪裡去。」

「這倒是真的，卡比，雖然這個事實光想就讓人不爽。我們誰也不想一年到頭都像個奴隸一樣不停地工作、工作、工作，但卻什麼也無法改變！」

「我們是不是該好好想一想，其他人究竟是怎麼賺錢的，並跟著他們的方式做做看呢？」卡比這麼問。

「或許我們能問問知道如何賺錢的人，說不定能找到什麼祕密。」班錫爾想了想後回答。

「就在今天，」卡比說：「我遇到我們的老朋友——阿卡德，他正駕著他那輛金色的馬車。我想說的是，他並沒有對我視而不見，他不像其他富人那樣，總是理所當然的忽略我，而是對我揮了揮手。哦！路人們都看見他對他的音樂家好友卡比微笑打招呼！」

「大家都說他是巴比倫最有錢的人。」班錫爾若有所思。

「有錢到連國王管理國庫都要尋求他的金玉良言。」卡比接著回道。

「太有錢了！」班錫爾插嘴說：「如果在黑夜裡跟他見面，我怕我的手會摸向他那飽滿的錢包。」

「別胡說了，」卡比反駁：「一個人富裕並不是只看錢包裡的錢多不多，如果沒有穩定的金錢來源，就算是飽滿的錢包也很快就會空空如也。阿卡德是因為有穩定的金錢收入，才能隨心所欲的花錢，而錢包依然保持飽滿。」

「收入，就是這個！」班錫爾突然脫口而出：「我希望自己能有一筆金錢不斷滾滾而來的收入，讓我不管是呆坐在家或出外旅行都能賺錢。阿卡德一定知道要怎麼為自己賺錢，但他是否能讓像我這般遲鈍的人也明白其中的道理呢？」

2 致富祕訣

努力為自己創造持續性的財富收入來源吧。「持續性收入」是一種循環性的收人，不論您是在工作或是休息遊玩、在場或不在場，它都能不斷為您帶來財富。

「就我看來，他一定把知識傳授給他兒子諾馬希爾了。」卡比回應：「他不是去了尼尼微（Nineveh）嗎？旅店裡的人都說，他在不依靠父親的幫助之下，成為當地最有錢的人。」

「卡比，你給了我新的想法！」班錫爾的雙眼綻放出一道光芒：「向好朋友請教一些聰明的建議又不用錢，阿卡德也會樂意分享的。就算我們錢包一直都跟獵鷹的巢一樣空蕩蕩，也沒關係，但別讓貧窮拖住人生！我們已經厭倦身在茫茫錢海之中卻還得過窮日子的生活了，我們也要變成有錢人。走吧，我們去問問阿卡德該怎麼做，才能為自己賺取收入！」

「這番話真是啟發了我啊，班錫爾。你為我點亮了一盞明燈，讓我瞭解到：我們之所以一直沒有賺到財富的原因，其實是因為我們從來沒有去追求過——你只是埋頭苦幹，拼命打造巴比倫最牢靠的馬車，並為了這個目標而付出最大的努力，這點你的確做到了；而我呢，也同樣一直埋頭苦練，只為了要成為最出色的豎琴家，我確實也辦到了。」

3 致富祕訣

任何人都不會希望埋頭苦幹賣命工作，卻依然貧窮。如果想擺脫這種窘境，要先有「追求財富」的覺知，如此才有機會為自己找到建立財富的法則。

「我們都為了自己的目標而努力不懈，最後也確實達成並實現了，而眾神樂意讓我們繼續走下去。至少，我們現在終於看到了一線希望，如同曙光一般明亮，指引我們學得更多，讓我們能夠更有成就。有了這份全新的體認，我們一定能找到最好的方法，來實現自身的願望。」

「我們今天就去找阿卡德吧，」班錫爾迫不及待地催促著說：「也去問問昔日的好友們，看誰跟我們一樣，過著苦哈哈的日子，讓他們也一同加入，大家一塊兒去分享他的智慧。」

「班錫爾，你總是很體貼朋友，難怪你會有這麼多的好朋友，就如你說的，我們現在就去找他們一同前往吧！」

這樣做，才會有錢

1 人生最可惜的事情之一，就是你身在充滿財富的世界裡，卻兩手空空、一無所有。這往往是因為我們沒想過要「賺錢」，自然就不會去找方法賺錢。

2 一個人能持續有錢的關鍵，在於是否能為自己創造不間斷的財源收入，否則再飽滿的錢包也可能會一下子就空空如也。

3 有持續穩定的收入，才能在隨心所欲的花錢之餘，手頭依然充裕。

4 想要賺大錢，要先有「想要如何賺錢」的覺知！

巴比倫首富

有錢人不說，卻默默在做的事

從年輕到現在，
若你們賺的錢一直都只夠維持基本開銷，
不是因為你們沒有學到建立財富的法則，
就是你們根本沒發現這些法則的存在。

在古老的巴比倫，曾經有個非常富有的人，叫做阿卡德。他不單單只因富裕而聲名遠播，他的慷慨也是眾所皆知：不論救濟貧苦或對家人，他都很大方，就連對自己也從不吝嗇。但是不論他再怎麼花錢，他每年增加的財富還是遠多過花費。

有些他們過去年輕時的朋友來找他時說：「阿卡德，你比我們都有錢，你已經是巴比倫最有錢的人了，而我們卻還在為了生存而掙扎；你可以穿最精美的華服，能享用最珍貴的食物，而我們卻只求能讓家人盡可能過得溫飽，就心滿意足了。

我們曾經平起平坐，受同一位老師的教導，玩同樣的遊戲；不管是讀書或遊戲，你也沒表現得特別亮眼。然而這些年來，你卻比我們過得更體面，也更受人尊敬。在我們看來，你並沒有比我們更認真工作，或者更堅定地過活，為什麼無常的命運只單單讓你享受生命的所有美好，卻沒讓我們的努力同樣有所回報呢？」

於是阿卡德告誡他們，「從年輕到現在，若你們賺的錢只夠維持基本生活開銷，不是因為你們沒有學到建立財富的法則，就是你們根本沒發現這些法則的存在。

『無常的命運』就像個邪惡的女神，不會永遠都對一個人這麼好；相反地，若有人領受她的恩惠，得到一筆不勞而獲的財富，最後都會因此毀了一生。有些人會因她而變得揮金如土，很快地就把意外之財給揮霍掉了，到最後連肚子都無法填飽，更別說要滿足其他慾望了；有些人則會變成小氣的守財奴，不敢花錢，因為深知自己沒有本事賺錢，他們成天擔憂著財富會被搶走，結果讓空虛和吝嗇毀了自己的生活。

或許有些人會把這些意外之財納入自己的財產之中，並繼續過著幸福又滿足的生活，但是這些人少之又少，我也只是耳聞而已。請好好想想，如果你們也獲得這筆橫財，會不會步上他們的後塵呢？」

4 致富祕訣

財富就是力量，可以帶來無限可能，不過，與其坐待天上自動掉下一筆橫財，倒不如腳踏實地學習賺錢的法則。

阿卡德的那些朋友想起某個獲得橫財的人，都紛紛覺得他說的對，並懇求他分享自己到底是如何變得這麼有錢的。於是，阿卡德就說起自己的故事：

年輕的時候，我環顧四周，發現所有美好的事物都會帶來幸福與滿足。我也瞭解到，擁有財富就能讓這些事物化為可能。

「財富就是力量，財富能讓許多事都變成可能：

有人會花錢添購奢華家具布置家裡；
有人會花錢遠度重洋；
有人會花錢舉辦異國美食饗宴；
有人會花錢跟金匠或磨石匠購買飾品；
有人甚至會花錢廣設宏偉神廟，敬拜眾神；
有人會花大錢包辦以上所有事；
還有其他人會花錢尋求感官與心靈上的滿足。」

在明白這些道理後，我下定決心，一定要獲得生命中屬於我的那份美好事物。我絕不要像某些人一樣，只能站在一旁羨慕，望著他人享受生命；我不會甘願於身穿廉價衣裳，卻硬裝出一副高貴的模樣；我不會滿足於那些窮苦大眾的生活。相反地，我要讓自己能躋身加入美好事物的饗宴。

如同你們所知，我是一個卑微商人的兒子，只是大家族的一個小小成員，根本不可能繼承什麼遺產；也正如你們所說，我也沒有被遺傳到超凡的能力與智慧，所以如果要達成願望，就得下定決心花時間學習。

說到時間，每個人都擁有充沛的時間——從你們每個人手中所溜掉的時間，都足以讓你們變得富有了。但你們也得承認，如今能讓你們感到驕傲的，除了自己的家人之外，沒有別的了。

5 致富祕訣

時間就是金錢。每個人擁有的時間都是一樣的，端看你是浪費它，還是利用它去找出累積財富的方法，然後學以致用。

若說到苦讀，我們睿智的老師不也曾經說過，學習可以分為兩種：一種是我們學過並理解的，另一種則是訓練我們如何找出尚未瞭解的知識。

所以，我決定要找出累積財富的方法，並在找到後將它當作我的任務好好執行。在我們身處於精神世界的黑暗面（編註：死亡）時，要忍受的傷心事已經太夠了，所以當我們能沐浴在燦爛陽光下時，難道你不認為好好地去享受這份光明才算是有智慧嗎？

我受雇成為城主官邸裡記錄會堂的抄寫員，每天都得在泥版上辛苦刻寫好幾個小時，一週復一週、一月復一月，我一直辛勤地工作，但卻沒有賺到幾個錢。

我買的食物與衣服都用來當供品獻給眾神，還有其他我說不上來的瑣碎事物，也花光了我賺來的錢；不過我依然保有我的決心。

某天，錢莊老闆艾嘉米許來到了城主官邸，索取第九法條的副本，並告訴我，「我得在兩天內拿到，如果能如期完成，我就給你兩枚銅幣。」

所以我拼了命地工作，但法條實在太長了，艾嘉米許再度前來時我還無法完成。他非常生氣——如果我是他的奴隸，我想他一定會鞭打我！不過我知道城主不會允許他傷害我，所以我一點兒也不怕，還跟他說：「艾嘉米許，你是一個很有錢的人，若你告訴我怎樣才能變成有錢人，我就徹夜為你趕工刻字，明天早上一定完成。」

他笑了一笑後說，「你這冒失的傢伙，不過，我們不妨把它當成一項交易吧！」

我整晚努力刻寫，雖然腰酸背痛，燭心的臭味也讓我頭疼不已，但我還是撐到眼睛看不見為止。隔天艾嘉米許再來時，石版已經刻好了。

我說：「現在快告訴我吧，你答應過了。」

「你已經履行了你的承諾啦！孩子。」他口氣很和善，「接著就輪到我了，我會告訴你想知道的事。因為我已經是個老人了，老人的嘴總愛嘮叨個不停，當年輕人向老人請益，就會得到歲月累積的智慧；但年輕人常認為老人的智慧只適用於過去那段時光，所以對自己沒有幫助。不過你要記得，今日燦爛的陽光與你父親出生那時的陽光毫無軒輊，即使連你子子孫孫的靈魂都經歷無數次黑暗的輪迴（編註：生命的輪迴）後，陽光也依然會如此燦爛。」

「年輕人的想法，」他繼續說，「就像是流星劃過般讓天空在剎那間變得無比燦爛；但歲月累積的智慧，卻像是恆星般恆久不變地閃耀在夜空中，讓水手得以辨認方位掌舵前進。

好好記住我的話，否則你就無法領會我要教你的道理，到時候你的徹夜趕工就白費了。」

接著，他那濃眉下的眼眸精明地看著我，並且用低沉有力的音調說，「當我決定將賺到的錢保留一部分起來的時候，我就找到了致富之路，而你也會一樣。」

話才說完，他看了我一眼，銳利的眼神彷彿要將我刺穿，但卻沒再多說什麼了。

「就這樣嗎？」我問。

「這些就足以讓牧羊人變成鐵石心腸的錢莊老闆了。」他回答。

「但我賺的本來就是我擁有的，不是嗎？」我追問。

「差得遠了！」他回答，「你沒付錢給裁縫師嗎？你沒付錢給鞋匠嗎？你沒付錢買食物嗎？你在巴比倫生活可以不花錢嗎？蠢蛋！你付錢給所有人，就是不給你自己。你這個笨蛋，你為其他人工作，像奴隸般為雇主工作，就只因為他能讓你吃穿嗎？若是你把賺來的十分之一留下來，十年後你會有多少錢？」

6
致富祕訣

通往致富之路的第一步，就是付錢給自己——將每次賺來的錢，留十分之一在口袋裡別亂花。

我的數字概念並不差，我回答：「跟我一整年賺的錢一樣多。」

「你只說對了一半，」他反駁，「你存下來的每一枚金幣，都是替你工作的奴隸，這些金幣幫你賺的每一枚銅幣都像是它的小孩一樣，也能為你賺錢；如果你想要變得富有，那麼你存的每一筆錢都要能幫你賺錢，它的小孩也一樣——持續這樣以錢滾錢，就能讓你賺到你所渴望的財富。」

「你一定覺得我在騙你徹夜趕工，」他繼續說，「但其實我告訴你的，已遠超過了我付給你那些錢的千萬倍了，前提是你的智慧要能領會我所說的道理——你所賺的一部分收入一定要存起來。不管賺的錢多麼少，你都一定要留下十分之一，當然能存愈多愈好；你要先把錢付給自己，千萬別把剩下的錢都拿去買衣服或鞋子，因為你還需要錢買食物跟奉獻給眾神。財富就像一棵樹，得從一顆小種子開始成長；你所存的第一枚銅幣，就是要用來發芽成大樹的種子，你愈快把種子種入土中，它就能愈快長成大樹，而你愈堅定地持續存錢，就像是積極施肥澆水般，愈快能夠在樹蔭下乘涼。」

他只說到這裡，就帶著刻好的石版離開了。

我仔細思考他說的話，覺得似乎很有道理，所以決定試試看：每次一拿到薪水，我就從十枚銅幣中藏起一枚。奇怪的是，我並不會覺得自己比之前還要窮，我的生活少了這一枚銅幣並沒有什麼不同。

只是隨著儲蓄愈來愈多，看到腓尼基人用駱駝跟船隻運貨來此時，就時常會受到誘惑，忍不住想要花錢買些好東西，幸好後來我還是很理智地把慾望抑制了下來。

距離艾嘉米許教我賺錢的一席話，已經過了一年，他再次回來問我說，「孩子，這一年來，你都有把收入的至少十分之一留給自己嗎？」

我自豪地回答：「當然啦！老師，我都有留下來。」

「做得好！」他面帶笑容地回答我，「那麼，你把這些存下來的錢運用到哪去了？」

「我交給燒磚的阿茲莫了，他說要遠度重洋到泰爾城（Tyre）去，他會幫我買一些腓尼基人的珍貴珠寶回來，到時候就能賣個好價錢，然後我們再互相均分。」

7 致富祕訣

減少生活不必要的支出，就可省下不少錢，再把這筆錢拿來投資，錢滾錢，賺取更多財富。

「就算是笨蛋也要懂得學習啊！」他咆哮著，「你怎麼會相信燒磚匠的珠寶知識呢？想問有關星星的事時，你會找麵包師傅嗎？我敢用這件長袍保證，只要你有大腦可以思考，一定會去問占星師。你存的錢已經飛了，年輕人，你把財富之樹連根拔起了。不過，再種一棵吧，再試一次。下回如果你想問關於珠寶的建議時，就去問珠寶商人；想問關於羊群的知識時，就去問牧羊人——你可以自由尋求他人的建議，但得慎選有價值的建議，採納門外漢提供的建議，代價就是賠上積蓄來證明這是錯的。」說完這些他就離開了。

8
致富祕訣

投資夥伴一定要是內行人，找門外漢合夥投資自己不瞭解的產業，無異是將自己的財富之樹連根拔起，代價可能就是賠上積蓄來證明自己是錯的。

事情就如他所說，那些壞心的腓尼基人賣給阿茲莫的，只是一些看起來像是寶石的玻璃。不過，照著艾嘉米許的吩咐，我再次存了十分之一的銅幣，現在儲蓄已經成為習慣了，所以不怎麼困難。

又過了一年，艾嘉米許又來到抄寫員的房間對我說，「從上次見面之後，你進行得如何？」

「我相當堅定地把錢留給自己，」我回答，「並把錢借給盾牌工匠亞格去買青銅，每四個月他都會付利息給我。」

「這樣很好啊，那你把賺來的利息用到哪去了？」

「我買了一些蜂蜜、美酒跟美味蛋糕來大快朵頤，我還替自己添購了一件紅長袍。之後，我還要買了匹年輕力壯的驢子來騎。」

艾嘉米許笑了，「你把儲蓄所生的孩子吃掉了，那它們又怎麼能替你工作呢？它們又怎麼能生出更多孩子來繼續為你工作？先存有一大筆的財產來當作生財奴吧！如此一來，就算之後享受再多豪華饗宴，你也不會感到懊悔了。」說完這些，他又離開了。

9 致富祕訣

投資賺取的小利潤，千萬不要一下子全花掉，還是要記得「留一部分放口袋」的原則——先存一大筆的財產做生財奴，之後就算享受豪華饗宴也不會感到懊悔。

往後兩年我都沒再遇過他，當他再次回來時，臉上有了許多皺紋，眼睛也更加低垂，變得很老了。他說：「阿卡德，你得到夢想中的財富了嗎？」

我回答他，「雖然還沒有想像中的多，但是我擁有的錢會幫我賺更多的錢，而且會持續以錢滾錢。」

「你現在還會尋求燒磚匠的建議嗎？」

「若是對於燒磚的建議，他們就很內行。」我語帶反駁地說。

「阿卡德，」他接著說，「你已經學到很多了。你先是學會減少生活支出，之後懂得尋求有經驗的專家們給予建議，最後你更學會了如何讓錢替你賺錢。」

「你教會自己如何賺錢、如何存錢、以及如何用錢，所以你已經有能力擔任重要的職位。我老了，我兒子只想著要花錢，一點賺錢的想法都沒有。我的財產很多，多到我可能無法兼顧，若你願意到尼普爾（Nippur）幫我管理土地，我就讓你成為我的合夥人，並與你分享我的資產。」

於是我到了尼普爾，負責管理他的龐大的資產，由於我很有企圖心，也已經精通理財的三大法則，所以成功使他的財產迅速增值。

「我幫他賺了很多，而當艾嘉米許過世後，他也讓我合法分得部分遺產。」阿卡德的故事就說到這裡，一位朋友開口對他說，「你實在很幸運，艾嘉米許讓你成為遺產繼承人。」

「其實幸運的只是我在見到他之前，就已經有想要發財的願望了。那四年來，為了證明我有明確的目標，我不是持續將賺取的十分之一收入存下來嗎？對於一個苦心研究魚群習性多年，以至於每次風向改變時都還是能準確撒網的漁夫，你會認為他只是幸運嗎？機會就像是高傲的女神，不會浪費時間在毫無準備的人身上。」

10 致富祕訣

隨時做好準備，才不會錯過每一次賺大錢的機會。

「你有相當強烈的意志力，所以在損失第一年的積蓄之後，還能繼續堅持目標，這點就很非比尋常了。」另一位朋友說道。

「意志力！」阿卡德反駁，「真是胡說，你認為意志力能給人力量，舉得起連駱駝都背不動的重物，或者拉得動連牛都拖不動的貨物嗎？意志力只不過能讓你設定一個目標，並堅定地完成自己的期望罷了。如果我設定一個目標，不管多瑣碎或簡單，我一定會完成它，否則我哪有自信去完成更重要的事情？要是我對自己說，『我每天過橋進城的時候，都要撿一顆路邊的鵝卵石丟進水裡，持續一百天不間斷。』我就一定會做到，要是我在第七天過橋時忘了撿石頭，我絕不會跟自己說，『明天再撿兩顆石頭丟進去也一樣。』而是馬上折返回去撿石頭來丟。我也不會在第二十天時對自己說，『阿卡德，這根本沒有意義，每天丟一顆鵝卵石未免也太慢了吧？乾脆抓一把一次丟進去不就得了。』不，我不會這麼說，更不會這麼做，一旦為自己設定好目標，我就會去完成它。

所以，我會非常的謹慎，不給自己太過困難或不切實際的目標，因為我想要悠閒一點過生活。」

11 致富祕訣

不要把目標設得太好高騖遠。但是，一旦目標確立了，就一定要確實的施行。

接著，另一位朋友發聲了，「就算你說的沒錯，一切也如你所說的這麼合理又這麼容易，但如果所有人都可以辦到，世界上哪來這麼多財富讓大家賺？」

「只要大家願意付出精力，財富就會成長。」阿卡德回答，「難道有個富豪為自己建了一座新宮殿，就表示他付出的錢不見了嗎？當然不是，燒磚匠會賺走一部分，建築工會賺走一部分，藝術家也會賺走一部分——所有付出勞力參與建設的人都會賺走部分的錢。而當宮殿完工了，它當然也值得那麼多錢不是嗎？而宮殿所在的土地不就值更多錢了？因為上面蓋了宮殿啊！附近的地價不也會跟著水漲船高嗎？財富成長的方式相當奇妙，誰都無法預言它的極限。腓尼基人不就藉由跨海船運貿易賺了錢，還在貧瘠的海岸邊打造了許多宏偉的城市嗎？」

「那你建議我們怎麼做，才能同樣變得有錢呢？」又有另一位朋友提問，「過了這麼多年，我們都不再是年輕小夥子了，身上也沒什麼錢能儲蓄。」

「我建議你們學習艾嘉米許的智慧，並且對自己說：『我所賺的一部分要保留下來。』每天起床說一遍，中午說一遍，晚上也說一遍，最好每小時都說一遍，直到連你眼前的天空，都彷彿出現這些火紅亮麗的字眼，且牢牢印在腦海為止。」

12
致富祕訣

把賺錢的目標和祕訣烙印在心裡，要讓這些念頭就像是呼吸般那樣的理所當然。

「將這想法烙印在心裡，讓心中填滿這個念頭，該存多少錢就存多少錢，不過別少於收入的十分之一；仔細規劃出其他必要的花費，但記得把該存的先存起來，很快你就能擁有屬於自己的財富，體會到富有的感覺。隨著財富逐漸累積，它也會更加激勵你，讓你對生活中全新的喜悅感到興奮，而你努力的成果將會鼓勵你繼續賺更多的錢。當收入增加了，你所存下來的錢的比例不也會跟著增加嗎？

接著，你要學習如何讓自己的財產幫你工作，把它當成生財幫手，讓它所生的子子孫孫都幫你賺錢。

要確保未來的收入！看看那些年長的人，在未來的日子裡，你們也會如此老去，因此你必須將財產做最謹慎的投資，別把財富賠光了。號稱高利率報酬的投資，就如同汪洋中迷惑人心的海妖塞蓮，引誘粗心的人撞上賠錢與悔恨的礁石。」

13 致富祕訣

謹慎的小額投資最保險。穩定地累積財富，比承擔風險的投資更好，不要因貪心而血本無歸。

「你必須確保當自己蒙神寵召時，家人的生活依舊無虞——雖然你的家人一定不希望失去你！但為了給家人這樣的安全保障，有先見之明的人會盡可能的做定期小額投資。如此一來，就能在沒有預期的意外發生時，提供家人一筆保障生活的費用，家計也不會因此被中斷或延遲。

去諮詢有智慧的人，去問問那些每天把理財當成工作的專家吧！讓他們把你從錯誤中拯救出來，你就不會像我一樣，錯把財產交給燒磚匠阿茲莫做投資。寧可慢慢穩定地賺，都比冒險要來得好。

趁活著的時候好好享受生活，別過度緊縮或是想存太多錢。如果一次存收入的十分之一，是你能力所及能輕鬆做得到的，那維持這樣就好；請依照你收入的多寡來規劃生活，別讓自己變得吝嗇又不敢花錢，生活是很美好又豐富的，有許多事物值得我們好好享受。」

14 致富祕訣

懂得規劃金錢、享受生活，才是擁有財富的真意，可別成為只顧存錢、賺錢，卻不知如何享用的守財奴。

朋友們向他致謝後離去，有些人默不作聲，因為無法想像也無法理解這些道理；

有些人則感到諷刺且嫉妒，覺得這麼富有的人，應該與貧困的老朋友分享他的財富；但也有些人眼中閃耀起新的光芒，他們瞭解艾嘉米許為何每過一段時間，就回來拜訪這位抄寫員，因為他正看著另一個人用自己的方法，走出黑暗步入光明，等此人找到光明後，那個可以讓他發揮的位置也早就準備好了。誰都無法佔據這個位置，直到他真正理解並實踐這個道理，同時準備好迎接這個機會為止。

這些人在往後幾年，時常回去拜訪阿卡德，他當然也欣然歡迎。就如同所有經驗豐富的專家，他總是大方與大家分享自己的智慧並給予建議；他同時也幫助大家利用謹慎的投資來穩定獲利，以免賠錢或讓財產套牢在無法獲利的投資上。

當這些人真的領悟由艾嘉米許教給阿卡德，再從阿卡德身上傳授給他們這個真理的那天，就是他們生命中的轉捩點。

「要把一部分賺來的錢留在口袋裡。」

這樣做，才會有錢

1 得到意外之財不一定是好事，除非你能用正確的心態來看待它！
2 致富的第一步，就是固定把收入的十分之一留下來，持續讓它們錢滾錢。
3 減少不必要的支出，就可以省下不少錢。
4 不找門外漢投資自己不瞭解的產業。
5 不要為自己設定太困難或不切實際的理財目標，比較容易成功。
6 一旦設定了目標，就要有「誓必達成」的意志力。
7 平時就要多充實自己並培養自己的實力，等到賺錢的機會來了，你才有能力把握得住！
8 累積財富不要貪快——謹慎的小額投資，比承擔高風險的投資更好。
9 不只要會賺錢，還要懂得花錢、享受生活，這才是擁有財富最大的快樂。

3 遠離貧窮的七大守則

每個人都可以當有錢人

我的第一座財庫，
就是我的錢包，
我很討厭裡面空空如也的感覺，
希望它可以圓滾滾的，
能聽到錢幣互相撞擊的聲音。
所以，
我開始找尋方法來讓乾巴巴的錢包增胖。

巴比倫的榮耀持續流傳著，經過長久的歲月後，我們都知道它是最富裕的城市，擁有令人難以置信的豐厚財富。

不過，巴比倫並非一開始就如此富裕，這些財富是人民智慧所累積的結晶，他們也一樣，都是從第一步開始學習如何變有錢的。

當巴比倫偉大的薩爾貢王擊敗埃蘭人（Elamites）敵軍光榮回城時，隨即就要面對嚴重的處境。皇室大臣向他說明：「在陛下您的旨意下，所修建的大規模灌溉渠道與供奉眾神的宏偉神廟，為人民帶來了多年的繁榮，如今這些建設已竣工，但人民卻似乎無法繼續維持往後的生計——因為工人因此失業了，商人的客群也流失了，農夫無法銷售作物，人民也沒有足夠的錢來買食物。」

「那我們為了這些建設所花費的錢呢？都到哪兒去了？」國王詢問道。

「恐怕都已經被賺走了，」大臣回答，「這些錢大概都進了少數幾個有錢人的荷包了。過去這些錢從大多數人民指縫流過的速度，就像羊乳流過篩子一樣快，但現在這些金錢交易活動已經停止，所以大部分的人民都沒錢可賺。」

國王沉思了好一陣子，接著問，「為什麼所有的錢都集中在少數人手上呢？」

「因為他們知道如何賺錢。」大臣回答，「人們不會去譴責一個人的成功，只因為他知道如何賺錢；也不會有人假借正義之名，搶走他們正當的所得去分給賺不到錢的人。」

「但是怎麼會如此呢？」國王又問，「所有的人都應該要知道如何累積金錢，讓自己變得富裕，不是嗎？」

「誠如陛下所言。只是有誰可以教導他們呢？很顯然不是祭司，因為他們也都不曉得如何為自己累積財富。」

「我的臣子啊！那麼誰是城中最熟悉生財之道的人呢？」國王問道。

「答案其實早就在問題裡了，陛下。在巴比倫累積最多財富的人是誰呢？」

「說得好，我能幹的大臣，當然是阿卡德！他是巴比倫最有錢的人，明天就召他來見我吧！」

隔天，就如國王的旨意，阿卡德出現在殿前。他雖然已經七十歲了，身形依然健朗挺拔又活力十足。

「阿卡德，」國王開口，「你真的是巴比倫最有錢的人嗎？」

「大家是這樣說的，陛下，也沒有人質疑過這個說法。」

「你怎麼會如此富有？」

「我只是善於抓住那些同樣也出現在大家眼前的機會罷了。」

「什麼基礎都沒有，完全從零開始嗎？」

「我的基礎就只有『想變有錢』這個強烈的渴望而已，除此之外，別無其他。」

15
致富祕訣

致富的前提——你得要先有「變有錢」的渴望。

「阿卡德，」國王繼續說，「我們的城市正處於一個相當不樂觀的局面，因為只有少數人知道如何賺錢並且獨占了大筆財富，但多數人民卻都缺乏這些知識，以致無法留住賺來的錢。我希望巴比倫成為世界上最富裕的城市，所以城中應該要有很多富翁，也就是說，我們必須教導所有人民致富的方法。告訴我吧！阿卡德，賺錢是不是有什麼祕訣？大家學得來嗎？」

「其實做法相當實際可行，陛下，既然有人會，大家也一定都能學會。」

國王眼睛一亮，「阿卡德，這正是我想要聽到的。你願意為此理想付出一己之力嗎？你是否願意將這些知識教給一些種子教師，讓他們每一個人都可以在充分的接受這個致富的真理和有價值的主題訓練之後，再將這些道理廣泛的傳授給我國度裡的其他所有子民？」

阿卡德鞠躬說道，「我隨時恭候差遣。我很願意傳授我所有的知識，這不僅是為了讓同胞們過更好的生活，也是為了陛下無上的榮耀。請授命您賢能的大臣安排一堂一百人的課程，我願將我致富的七大守則教給眾人，讓全巴比倫不再有窮人。」

兩個星期後，按照國王命令挑選而出的一百個人，聚集在知識殿堂的大廳。他們在地板上圍坐成一個半圓形，阿卡德則坐在一張小凳子旁，凳子上面一盞象徵神聖的燈正冒著一縷輕煙，散發出既奇妙又令人愉悅的氣味。

「瞧！他就是巴比倫最有錢的人。」當阿卡德站起身子，一位學生用手肘輕推隔壁的人，悄悄地說，「他看起來跟我們沒有什麼不同啊！」

「身為國王忠心的子民，」阿卡德開口道，「我接受他的旨意而站在各位面前。因為我曾經是一個很窮卻又非常渴望財富的年輕人，更因為我找到了賺錢的學問，所以國王要我將這些知識傳授給各位。

我以最簡單的方法開始累積我的財富，其實就跟各位以及巴比倫所有的人民一樣，我並沒有什麼優勢可享。

我的第一座財庫，就是我的錢包，我很討厭裡面空空如也的感覺，我希望它可以變得飽滿且圓滾滾的，甚至能聽到錢幣在裡頭互相碰撞的聲音。所以，我努力找尋方法來讓乾巴巴的錢包增胖，而我找到了七大守則。

我要為聚集在此的各位，說明這七大守則，我也建議所有想要賺大錢的人都這麼做。我將用七天的時間，每天為各位說明一種致富守則。

請專心聽我所傳授的知識，也希望各位能跟我或彼此熱烈討論。請徹底學習這些教導，讓自己也能在荷包中撒下財富的種子。首先，各位得開始明智地去建立自己的財富，讓自己成為稱職的教師，也只有這樣，你們才能把這些道理再傳授給其他人。

我會用簡單的方法，教導各位如何增胖你的荷包，這是通往財富殿堂的第一步，若不能紮紮實實地跨出這第一步，就沒有辦法愈爬愈高。

我們開始上第一課吧！」

守則1

賺十塊花九塊，開始增胖荷包

阿卡德問一位坐在第二排並且若有所思的男子，「朋友，你的工作是什麼？」

「我？」那人回答，「是負責在泥版上刻字的抄寫員。」

「過去我就是在從事這份工作時，賺到自己的第一筆錢，所以你也會有同樣的機會累積財富。」

他接著對後方一個臉色紅潤的男子說，「請你也說說你的工作好嗎？」

那人答道，「我是肉販，專門跟農夫買山羊來宰，把羊肉賣給主婦，再把羊皮賣給鞋匠。」

「你同樣也付出勞力來賺錢，所以也有和我一樣成功的條件。」

阿卡德藉由這番對話，瞭解每個人靠什麼工作維生。在問完所有的人後，他說：「我的學生們啊，你們現在已經知道，有很多人都靠貿易跟勞力來賺錢，而且每種方法都能賺到錢，對吧？付出勞力賺來的金錢其實就像是一條溪流，你們必須開出一條支流將部分金錢引入自己的錢包，而流入錢包金錢的多寡，則因每個人的能力高低而有所不同，沒錯吧？」

大家都同意這個說法沒錯，阿卡德繼續說，「你們都渴望建立屬於自己的財富，如果運用你們已經賺到的錢做為財富之源就可以成功，這樣是不是很聰明呢？」

大家也都認同了。

阿卡德接著轉向一位自稱是蛋商的謙虛男子，「如果你找個籃子，每天早晨放入十顆蛋，然後每天晚上拿出九顆蛋，那最後結果會怎麼樣？」

「籃子裡的蛋會漸漸多到滿出來。」

「怎麼說呢？」

「因為每天放進籃子的蛋都會比拿出來的多一顆。」

阿卡德面帶微笑轉向所有的人，「這裡有誰的錢包是乾巴巴的嗎？」

大夥兒開始覺得很逗趣，然後都忍不住笑了，最後還搞笑地拿出自己身上的錢包晃了晃。

「好了，」他繼續說，「現在我要告訴你們遠離貧窮的第一守則：那就是完全照我建議蛋商的作法去做——如果若你為自己錢包賺進了十個硬幣，請只拿九個出來用。如此一來，你們的錢包就會慢慢變得飽滿，變得愈來愈重，拿在手上會讓自己感到美好且滿足的。」

16

致富祕訣

每個人的能力不同、專長不同，賺錢的多寡也不同，但不管你賺的錢有多少，都可以成為富翁——賺十塊只花九塊，就可以為自己創造源源不絕的財富，因為存下來的這一塊錢可以拿來投資錢滾錢。

「千萬別因為這個方法簡單而覺得可笑，真理總是很簡單的。我說過要告訴大家自己是如何建立財富的，而我就是這樣開始的！剛開始，我也曾經詛咒過自己空空如也的荷包，因為它根本無法滿足我的慾望，但當我開始放入十枚硬幣，然後只取出九枚來用後，它就開始變得飽滿，你們也會一樣。

現在，我要告訴你們一個奇怪的事實，老實說我自己也不太明白為何會這樣：雖然我只有十分之九的錢可花，可是我一樣過得很好，也不會感覺到自己比之前更窮，而且很快地，存錢就變得愈來愈容易。這一定是眾神的法則，只要不把賺來的錢全部花光，錢就會自己送上門來；同樣地，假使錢包老是空空的，其他的錢也會自動離你遠遠的。

你們最渴望的是哪一種？是要滿足每天的慾望：像是買珠寶、精美衣裳、更多食物，然後很快地吃光用完後就忘了？還是要買些長久的財產：像是黃金、土地、牧群，甚至用來經商或者投資獲利？若把錢包裡的錢拿出來花掉，那換來的就是前者；反之，你如果把錢留在自己的錢包裡，那就有機會得到後者。

我的學生啊！這就是我所發現的，遠離貧窮的第一守則：『賺十塊花九塊』，各位可以互相討論，如果有人覺得這方法有誤，請在明天我們見面時告訴我。」

守則2

列預算，控制花費支出

「你們有些人問我，如果所有賺來的錢都已經不夠支付必要的花費了，哪還能把十分之一的錢存下來？」阿卡德在第二天對學生這麼說，「那麼，昨天有多少人的錢包沒錢？」

「我們全部都沒錢。」

全體的回答竟然如此一致。

「大家所賺的錢並不一樣，有些人的收入比其他人高出很多，又有些人需要扶養龐大的家族，然而大家卻都一樣窮！

現在，我要告訴你們一項奇特的真理：如果我們不想辦法減少所謂的『必要花費』，那它通常就會愈來愈大，最後大到跟收入一樣多——除非我們努力抵抗。

記住！別把必要花費與自己的慾望混在一起。

因為你們每個人與自己家庭所擁有的慾望，都遠超過你的收入所能滿足的地步，以至於你們的收入，總是為了滿足這些慾望而被花得精光，最後依然還有很多慾望未能滿足。」

17 致富祕訣

只要有被滿足的可能性，慾望就會大增，但真能被滿足的卻很少。金錢有限，所以想要荷包鼓鼓，就得檢視你每日的開銷裡，哪些是「必要」、哪些是「慾望」？讓錢發揮最大的價值，省下不必要的花費。

「每個人都有超過自己所能負擔的慾望，你們難道以為我很有錢，就能滿足自己所有的慾望嗎？錯了！我擁有的時間有限、力量有限、能展開旅途的距離有限、能吃的東西有限、就連能享受慾望的熱情也是有限的……。

告訴你們，就像田中的野草，不管農夫再怎麼努力除草，只要根還在，野草就會持續生長、無限蔓延；慾望其實也一樣，只要有被滿足的可能性，它就會大增，但真的可以滿足的卻非常少。

請審慎檢視自己養成了哪些生活習慣，這是能減少許多早已習以為常的花費的最佳辦法，你甚至可以把這些錢給省下來。要讓自己的每一分花費都能發揮最大的價值，把這個當成各位的座右銘吧！

在泥版上刻下自己想花錢的原因，把真正必要的花費找出來，還有哪些花費可一併包含在那百分之九十的收入中，接著把其他項目都刪掉，因為這些就是無窮慾望的一部分，不需要為此花錢，讓自己認清這些不是必要的花費。」

18 致富祕訣

把存錢當作你要滿足的慾望之一。持續工作維持穩定的收入，並條列每個月的必要花費，絕對不碰你預計要存下來的十分之一收入。

「列出必要花費的預算，絕不去碰那十分之一可以餵飽荷包的錢幣，把存錢也當成你們要滿足的慾望。此外，持續工作並維持這些支出預算，同時隨時檢視調整以符合自己的生活需求，把這筆錢變成一道防線，以保護日漸飽滿的荷包。」

一位身穿紅色與金色相間長袍的學生，隨即起立發問道：「我崇尚自由，也相信自己有權利享受生命中的美好事物，因此，我反對自己成為預算的奴隸，不希望它限制了我花錢的數目與目的，這將會剝奪許多生活的樂趣，讓自己像匹載著沉重負擔的驢子！」

阿卡德回答他，「朋友，這筆預算要由誰來決定呢？」

「當然是由我自己決定啊！」他語帶反駁地說。

「既然這樣，要是由驢子自己決定要背什麼東西，難道牠會想背著珠寶、毛毯跟厚重的金條嗎？應該不是吧。牠應該會選擇背著乾草、穀物還有水袋，好讓自己能夠穿越沙漠路途才對。」

19
致富祕訣

列出花費預算，是為了更妥善運用收入——滿足生活所需，還能在預算允許的狀況下，享受生活並達成其他慾望——你甚至會發現，其實真正所渴望的沒有你原本想像的那麼多。

「列出預算的目的，是為了要讓荷包變得飽滿，幫助你們獲得生活必需品，以及在不超過這個範圍的前提下，滿足你們的其他慾望，同時也協助你們從過於浮濫的慾望中，找出自己最真切的渴望。預算就像是黑暗山洞中的一盞明燈，讓你們能發現錢包的破洞在哪，好阻止金錢繼續溜走，並控制自己為了滿足慾望而支出的費用。

這就是遠離貧窮的第二守則，列出花費預算，只做必要支出，讓自己既能享受生活，滿足最大的渴望，又不會讓花費超過收入的百分之九十。」

守則3

讓每一塊錢都能自我增值

「看著你們乾巴巴的荷包逐漸飽滿吧！你們已經學會自我規範地存下十分之一的收入，也知道要控制支出以累積財富，接下來我們要談談，如何讓你們的財富開始運作並自我增值。若只把錢留在荷包裡，雖然是自己擁有的，能夠稍稍滿足內心的貪婪，但卻無法賺來更多財富。所以，你存下的部分收入其實只是個基礎，我們要運用這些積蓄進一步賺取更多資產。」阿卡德在授課的第三天如此說道。

「我們要如何讓錢替我們賺錢呢？我的第一次投資不幸失敗了，因而失去所有的積蓄，這個故事我們稍後再談。我的首次獲利投資是提供貸款給一位盾牌工匠，他叫做艾格，每年都會透過船運購買大量的青銅，由於缺乏足夠資金給付貿易商，所以會向手頭有多餘資金的人借款週轉。他是一個相當正直的人，賣了盾牌賺到了錢，就一定會將借款還清，還會附上一筆不小的利息。」

致富祕訣 20

光懂儲蓄還不夠，學會投資才能賺更多。

「我每次借他錢都能夠賺取額外的利息，因此，不但我自己的資本增加了，連資本所賺到的利息也同樣不斷地增加，其中最讓我滿意的，就是所有的錢都會重新回到我的荷包裡。

告訴你們吧，我的學生，一個人的財富並不在於他荷包裡有多少錢，而在於如何創造更多的收入，讓財富像河流持續流進來，並不斷增加，這才是包括你們在內的所有人都渴望的——讓自己無論是在工作或外出旅行的同時，都能有穩定的收入。

我因此賺了很多錢，多到大家都稱我為富翁。借給艾格的錢，是我首次投資獲利的訓練，我從中吸收到許多寶貴經驗。隨著資本愈來愈多，我更加擴展貸款對象與投資方向；從最初只有少許的財源，到後來有很多的財源，這些流進荷包的財富，提供了我更多元的投資選擇，也因此益發的讓我財源滾滾不斷、源源不絕……。」

21 致富祕訣

最佳的投資，就是不論你是在工作，或是在放假休閒之際，每一塊錢都還是能穩定地自我增值——錢滾錢、利滾利，無時無刻的都在為你賺錢。

「看到了吧，我從原本只有單薄收入，變成擁有許多金錢幫手，進而得以賺取更多財富。當錢幫我賺了更多錢，這些錢還能循環利用，一起再賺更多更多的錢。

藉由以下的例子，你們將會瞭解到，若能運用妥善的投資方法，金錢增值的速度到底有多快：有位農夫在兒子出生之後，拿了十枚銀幣委託給錢莊老闆，希望這些錢在兒子二十歲之前都可以存在這裡生利息。錢莊老闆答應了，並同意每四年核算本金的四分之一當作利息。因為將來這筆錢是要留給兒子的，所以農夫也要求要將利息再納入本金之中。

在他兒子二十歲時，農夫向錢莊老闆詢問目前這筆錢大約有多少，老闆表示，這筆資金經過複利計算，已經從原本的十枚銀幣增值為三十枚半。

農夫很開心，但由於他兒子目前不需要這筆錢，所以農夫繼續把錢留在錢莊老闆手上。當農夫的兒子五十歲時，他過世了，而錢莊老闆結算給他兒子總共一百六十七枚的銀幣——這筆投資在五十年間，增值了將近十七倍。

這就是遠離貧窮的第三守則：讓每塊錢都能夠自我增值，就像原野上的羊群愈來愈龐大一般，能為你的荷包持續帶來更多財富。」

守則4

評估投資風險，防止財富流失

「厄運會找上特別耀眼的目標。荷包裡的財富必須謹慎保管，否則就會流失。所以在眾神給予我們大筆的財富之前，要先妥善保管荷包裡的小錢，並學會如何防止財富從手裡溜走。」阿卡德在授課的第四天說道。

22 致富祕訣

懂得賺錢之後，還得要學會守住財富。

「很多金主，容易被看似能賺大錢的投資機會所吸引，而那些常是朋友或是親戚自己想要投資的，然後才熱切地慫恿你一同加入。

投資的首要原則，就是要確保不會賠掉本金。被巨額獲利的機會所吸引迷惑，而冒著可能因此賠掉本金的風險，難道會是明智之舉嗎？當然不是，因為這樣可能會造成虧損。

所以，在你拿金錢投資之前，記得要仔細琢磨，確保資金能夠回收，千萬別被快速賺大錢的幻想誤導，以為這樣就能快速致富。」

23 致富祕訣

別一心想著賺大錢而忘了風險，投資之前要確保：⑴不損本金，以免血本無歸；⑵能賺取合理的利息或利潤。

「在你借錢給別人之前，一定要先確定這個人真的有能力可以償還，並且搞清楚他還款的信用是否良好，以免不知不覺中把自己辛苦賺來的血汗錢，全都白白送給別人當禮物。」

24 致富祕訣

把辛苦的血汗錢借給信用不良的人，等於把錢白白送人當禮物。

「在投資特定領域之前，要先瞭解這項投資會伴隨哪些風險。

我的第一次投資就是個悲劇！那時我把整年辛苦存下來的錢，委託給一位叫阿茲莫的燒磚匠，他說要遠度重洋到泰爾城，幫我買些腓尼基人稀有珍貴的珠寶回來，到時我們就能轉手賣錢並且平均分攤所得；但那些壞心的腓尼基人賣給他的卻是一堆玻璃，我的財產就這樣飛了。這個經驗告訴我，請燒磚匠去買寶石實在是有夠愚蠢的一件事。所以，我以自己經驗累積的智慧建議各位：別對自己的小聰明太有自信，這樣反而容易讓財富落入投資的圈套中。最好去請教經驗豐富、有智慧且能幫你獲利的理財專家，反正詢問建議也不必花錢。一個好的建議甚至可能跟你考慮投資的金額一樣值錢；實際上，你若能夠因此保住一筆錢，就等於是賺到了這麼多的錢！」

25

致富祕訣

不必用「記取教訓」的方式來學習致富經驗，請多諮詢專業的理財專家，好的建議有可能跟你考慮投資的金額一樣值錢——能因此而少損失一筆錢，就等於是賺到了這筆錢！

「這就是遠離貧窮的第四守則，這點相當重要，能避免飽滿的荷包再次變得空空如也。先確保不會損失本金並且能夠回收，同時還能獲得合理利潤後再進行投資，以免財產流失。

此外，諮詢具有豐富理財經驗的專家，審慎思考其建議，借助他們的智慧保護自己的財富，避免被危險的投資所吞噬。」

守則5

房產也是一種投資，擁有自己的住家

阿卡德在第五天提到，「當一個人已經將自己的收入分成九份，用在自己的生活或享受上，如果他還能將其中一份的錢，在不影響生活的前提下，轉化為有利的投資，那麼他的財富就能更快速的成長。

巴比倫有太多男人，都讓全家人住在過於狹小的房子裡，他們付給房東高額的房租，租到的房子卻小到連妻子想要蒔花種草，芬芳一下心境時都找不到空間；小孩也沒有遊戲的場所，只能在髒亂的巷弄中玩耍。

若要使家人能盡情享受生活，至少要有乾淨的場地讓小孩遊戲玩耍，也要有地方讓妻子不僅能種花，還能植些香草來滿足全家人的胃口。

對一家之主而言，要是能享用自家樹上所摘的果實，或是園中藤蔓所結的葡萄，是多麼讓人開心的事！能夠擁有真正屬於自己的棲身之地，也是自己最引以為傲並全心照料的住所，不僅能讓心中充滿自信，更能成為辛勤打拚的背後支柱。所以我認為，每個男人都應該擁有屬於自己與家人的堡壘。

對勇於突破自己、懂得上進的男人來說，擁有自己的住家並非遙不可及。我們賢明的國王不是很努力拓展巴比倫城的腹地嗎？還有許許多多閒置的土地，都能用相當合理的價錢買到呢！

我也要告訴你們，我的學生，許多錢莊老闆都樂意放款給想要為家人購置土地及房子的人。

事實上，只要你可以證明自己有能力支付置產所需的部分資金，很容易就可以借到款項，來購買建材與雇用建築工人，達成這個值得讚美的夢想。」

26 致富祕訣

許多銀行都很樂意放款、借貸給想要買土地和購屋的人——只要你證明自己有有能力支付置產所需的部分資金（頭期款）。

「等房子蓋好之後，你定期付給錢莊老闆的貸款，其實就像你過去固定支付房租給房東一樣；但是，由於每次付貸款都能減少部分債務，所以不消幾年，你就能還清這些錢了。

爾後你就能擁有屬於自己的有價財產，也一定會因此感到欣喜不已。而往後你所需支付的唯一費用，也不過就是繳給國王的稅金罷了。

你們的妻子也會更常到河邊替你們洗衣服，並順便提回一袋水，以灌溉家中種的花草植物。」

27 致富祕訣

租房子不如貸款買間房子，因為你將擁有自己的有價財產，還能節省不必要的開銷，更早有餘裕享受生活。

有了自己的家，這些幸福就會隨之降臨，還能減少許多生活開銷，讓自己有餘裕把收入用來享受生活，或者滿足其他的願望。這個就是遠離貧窮的第五守則：擁有屬於自己的房子。」

守則6

提早準備，確保未來收入

「人的一生，不外乎就是從小孩變成老人，這是所有的人都無法逃避的生命過程，除非被眾神提早寵召。基於這點，我認為每個人都有必要為未來準備一筆收入，不僅是為了迎接不再年輕的歲月，也為了往後當自己無法再陪伴家人時，能夠成為繼續維持他們幸福生活的基礎。今天這堂課將要教你們如何在年老之後，荷包依然是圓滾滾的。」這是阿卡德在第六天授課時所說的話。

「當你瞭解致富的法則使資產不斷增加之際，也該要考慮未來的日子了。你應該要有些長期投資，最好能夠穩定持續多年，總有一天你會用到這些錢。

28 致富祕訣

穩定且能持續多年的長期投資是必要的，為自己存存老本吧！購置房產、定期存款（定期存一小筆，以求利息可以大量增加）……等，都是可行的方法。

「要確保未來的生活無虞，其實有很多種方法。你可以找個隱密的地方，在那裡埋些祕密財產，但是不管你藏得有多好，還是可能會被小偷給摸走，所以我並不建議使用這種方法。

有人會因此買棟房子或買塊土地，只要看準將來的行情，挑選得宜並善加利用，就能永久保值，它可以用來收租賺錢，或在將來有需要時變賣換取資金。

或許有人會將一部分的錢委託給錢莊老闆，並且定期提高本金的額度，如此錢莊所支付的利息也會跟著大量增加。我認識一位鞋匠，叫做安薩恩，不久前他告訴我，他每星期都在錢莊老闆那存入兩枚銀幣，已持續八年。最近錢莊老闆結算給他一筆令他喜出望外的儲金；這些小額存款以每四年增值四分之一的利息費率計算，如今總額居然高達一千零四十枚銀幣。

我憑自己的專業知識，鼓勵他繼續存款十二年，只要他持續每星期都存入兩枚銀幣，這筆錢最後就會增加到四千枚銀幣，足以讓他的後半輩子不愁吃穿。

只要定期存入少許金額，就能創造如此豐厚的獲利成效，這樣的投資保障，是大家都負擔得起的，因此擁有一筆財富的保障，不僅是為了自己將來養老，也是為了家人未來的生活。所以，不論一個人的事業和投資如何成功都是可以如此來操作的。

對此，我想再稍加著墨。我由衷相信，總有一天有智慧的人會制定出一種保險規劃，讓人們只要定期付出少許金額，就能在自己辭世後讓家人獲得一筆可觀的費用，我想這應該很值得投資，我也很推崇這個想法。

但就目前來說，這還不太可能實行，因為這種投資方案的經營方式，必須凌駕於任何人的壽命或是任何的合夥關係才有辦法運作，而此方案的制度也必須穩固得像國王的王座。但是我相信，總有一天這樣的規劃一定會出現，這對許多人而言都將是很大的保障，因為就算投保人只投資了少許金額，當他過世後，這些小錢將變成足以支援家人開銷的資金（編註：人壽保險最早的雛形可追溯到西元一世紀，羅馬的Collegia Tenuiormn組織，此為一個宗教團體。最早的保險組織可算是十七世紀英國的友愛社，但最早發展成為一個有制度且科學化的保險公司，則是英國的衡平保險社，於一七六二年首先根據生命表，按身體健康狀況及年齡來計算合理的保費）。

由於我們活在當下，很難準確預期未來的日子會有什麼變化，因此我們必須利用這些方法，好對未來有所準備；所以我建議所有的人，找個明智的好方法，讓未來的日子不會陷於貧困，要是將來因為年老無法繼續賺錢，導致家庭因此失去支柱而貧困潦倒，這將會是相當令人悲痛的景象。」

29 致富祕訣

確保未來收入的投資規劃，不僅可以讓你安穩度過因年老無法繼續賺錢的日子，還能保障全家人的生活。

「這就是遠離貧窮的第六守則，提前作足準備，不僅為了自己以後的日子，也為了保障全家人的生活。」

守則7

培養自己的本事，就是提升賺錢的能力

「我的學生啊，今天我要說的，是遠離貧困最重要的原則。這個原則不是關於金錢，而是關於你們自己——也就是坐在我面前披著各色長袍的各位。接下來我要跟你們談談所有為了成功而努力工作的人們，他內心的想法和生活方式。」阿卡德在第七天的課堂上如此說道。

「不久之前，有個年輕人來向我借錢，當我問他為何需要借錢時，他抱怨說自己的收入根本不夠支付花費；他向錢莊老闆借了錢，但收入卻無法償還借款！我隨後向他解釋，對錢莊老闆來說，他並不是一個好顧客，因為他沒有多餘的錢可以償還自己

的貸款。我這樣告訴他，『年輕人，你需要賺更多的錢，你有辦法提高自己的賺錢能力嗎？』

『我沒其他的方法了，』他回答，『在兩個月內，我已經向雇主要求加薪六次了，但是都沒用，還有臉皮比我厚的人嗎？』

他真是單純得令人莞爾，但他確實擁有提高收入所不可或缺的重要條件，那就是想要賺更多錢的強烈渴望，這可真是一個正確而且令人讚賞的心願。」

30
致富祕訣

先有渴望，才會成功——你的願望必須強烈、堅定、單純且具體，才能促使自己去達成目標，例如許下成為有錢人的願望，不如渴望得到五枚金幣來得具體且實際。

「先要有渴望，才會成功。你們的渴望必須既強烈又明確，一般的渴望力道太薄弱了。『希望自己變得有錢』，只是個小目標；若是『渴望得到五枚金幣』，就是個具體且明確的願望了，這也較能促使人去實現心願。當一個人用這樣強烈的企圖心，來支持自己想賺到五枚金幣的渴望而且真的實現了，下次也能用相同的方法賺到十枚、二十枚、甚至是一千枚金幣。瞧瞧！他最後真的變成有錢人了！先訓練自己紮實地完成較小的願望，接著就能夠繼續往大的願望邁進，這就是財富累積的過程：首先賺筆小錢，當自己瞭解箇中訣竅，提升自己的賺錢能力後，就能接著賺大錢啦！」

31 致富祕訣

目標的設定要是能力所及的，先瞭解賺小錢的箇中訣竅，提升賺錢能力後，接著就能賺大錢。

「心中的渴望一定要單純又明確！

一次有太多心願，企圖心會被分散，不但自己可能會變得困惑，也可能超出自己的能力範圍。」

32 致富祕訣

一次只完成一個心願，並確保每一個願望都能如期實現。

「當一個人發自內心的想要讓自己的工作更臻完美時，他賺錢的能力也會因此而提升。在我還是個卑微的抄寫員，每天為了幾枚銅幣而努力鑿刻石版的那段時間，我觀察到一個事實：其他同事的工作效率比我高，薪水自然也就比我高。從那時候開始，我就決定要成為當中最傑出的員工。我很慶幸自己沒花上太多時間，就找到其他人比我更成功的原因，於是我開始更投入自己的工作、更專注於每一項任務、也更努力地持之以恆，後來我刻石版的速度變得比誰都快。我的工作能力增強了，所得自然也增加到合理的價位——根本用不著跑六趟去爭取雇主同意加薪。

我們瞭解的學問愈多，就能賺得愈多。只要試著精進自己的工作能力，必定會得到豐厚的回報：如果身為工匠，那就試著學學同行中最傑出的人，用的是哪些方法跟工具；如果從事的是法務工作或是醫生，就向其他同行請益，互相交流專業知識；如果是商人，就不斷嘗試用更便宜的價格，買到更好的商品……。

對自己的事業要不斷的尋求突破與改善，所有心思敏捷的人都會想要提高自己的能力，這樣他就可以為賴以維生的客戶或雇主提供更好的服務。所以，我鼓勵大家要力爭上游，不要停留在原地不動，免得被其他人遠遠拋在後頭。」

33

致富祕訣

用「實力」讓老闆「加薪」，以同行中最傑出的人為模範，精進自己的工作能力——成功就是永遠比別人優秀一點點！

「透過許多有助益的經驗，許多事物都能讓一個人的生活變富裕。若你重視自己，就應該做到以下這些事：

◆盡自己所能，盡快將負債還清；絕不買自己付不起的東西。
◆對家人善盡照顧之責，讓家人感受到自己的好。
◆事先立好遺囑，要是自己蒙神寵召了，所有財產必須要妥善分配。
◆對於遭受不幸的人要有同情心，並在能力範圍內提供協助；要體貼關愛自己的人。

遠離貧窮的第七個，同時也是最後的一個守則，就是培養自己的本事。不斷精進增長智慧，讓自己變得更有能力，是尊重自己的表現，如此一來就能充滿自信成就自己悉心渴望的心願。

※　※　※

這就是遠離貧窮的守則，也是我成功的人生經驗，推薦給所有想變有錢的人。

我的學生啊！巴比倫還有很多的財富，比你們所能想像的還要多，足以讓所有人的都變得富裕。

勇往直前吧！去實踐這些真理！你們一定可以成功累積財富，而這也是你們所擁有的權利。

勇往直前吧！將這些真理散播給國王陛下每一位高尚的子民！讓大家都能共享這座我們珍愛的城市所帶來的充裕財富！」

這樣做，才會有錢

1 有渴望才會有成功，要變有錢人，你得先大聲說出：「我想要變有錢！」

2 想變有錢不是罪過，財富能讓你不必擔心有這頓沒下頓，能讓人對未來抱持希望——人們不會去譴責一個人的成功，只因他知道如何正當累積財富。

3 每個人所賺的錢多寡不同，但都可以學習存錢的方法——每個人都可以存錢，所以都有機會成為有錢人。

4 重新檢視自己的消費習慣，減少不必要的花費，從中把錢省起來。

5 大家賺的錢不一樣，卻常常一樣窮——因為人的慾望往往都超過你的收入能滿足的程度，也就是你必須想辦法減少你「以為」的「必要花費」。

6 盡快將負債還清；絕不買自己付不起的東西。

7 擁有一份穩定長久的工作，就有固定的收入。

8 每個月都要列出支出預算，絕不碰一定要存進銀行的十分之一收入。

9 諮詢專業理財專家，做不會損失本金、確保能回收、可賺取合理利息的低風險投資，並讓存下來的每一塊錢都可自我增值。

10 利用穩定且持續的長期投資，可以為自己存老本，還能保障家人的生活！

11 即使是小金額的定期定額或不定額存款也沒關係，只要能長時間的存入，神奇的複利效益就能夠小兵立大功，讓自己輕鬆累積財富。

12 一個人的財富並不在於他的荷包裡有多少錢，而在於如何創造更多的收入，讓財富像河流一樣持續流進來。

13 不要把錢借給信用不良的人。

14 貸款買間房子比租房子更好——有生之年擁有自己的有價財產，可以省下更多不必要的開銷，還能讓自己充滿自信，並成為辛勤打拼的背後支柱。

15 有餘力的話，可以另外再購置一些房產做投資。

16 學習同業的優點，並不斷精進自己的工作能力，工作報酬自然會增加。

17 事先立遺囑，確認身後所有財產能妥善分配和照顧家人。

4

與幸運女神有約

好運就是機會來了要把握

我們有沒有方法能吸引幸運女神前來呢？
不單是讓她注意到我們，
更要受到她的慷慨賜福……
真的有辦法吸引好運嗎？

「受到幸運春顧的人，幸福無可限量，就算把他丟進幼發拉底河，他照樣可以手抓珍珠游出來。」

——巴比倫諺語

所有的人都希望得到好運，就算是四千年前古巴比倫人，他們渴望擁有好運氣的想法也跟現代人一樣強烈，大家都想受到那位讓人無法捉摸的幸運女神所眷顧。

我們有沒有方法能吸引幸運女神前來呢？不單是讓她注意到我們，更要受到她的慷慨賜福。真的有辦法吸引好運嗎？

這正是古巴比倫人迫切渴望知道並決心找出解答的問題，也因為他們是如此精明又心思敏捷，才讓巴比倫能成為當時最富裕、最強大的城市。

在遙遠的過去，巴比倫並沒有學校或學院機構，不過，他們有一個非常實用的學習中心。在巴比倫城眾多的塔樓建築中，它的重要地位可比擬王宮、空中花園與眾神殿；即使在史書中關於它的資料記載甚少，甚至幾乎沒有，但它在當時依然對人們發揮了重要的影響力。

這座建築是學習的殿堂，由許多義務的教師講解並傳授古往今來眾人的智慧，並公開討論一些大眾關注的議題。在殿堂內，所有的人都是平等的，就算是最卑賤的奴隸，也可以對皇室的王儲提出質疑而不受到一絲懲罰。

在眾多留連於此學習殿堂的人當中，有一個叫做阿卡德的聰明有錢人，大家都說他是巴比倫最有錢的富翁。他有自己專屬的大廳，幾乎每天晚上都有一大堆人聚集在此討論或辯論一些有意思的話題，其中有老人也有年輕人，不過大部分都是中年人。

就讓我們來聽聽他們的對話，看他們是否懂得如何吸引好運降臨。

※　※　※

正要下山的太陽，就像巨大的紅色火球，燦爛光芒穿透沙漠中的朦朧沙塵。阿卡德緩步走向他慣用的講台前，現場足足有八十人都在等他，他們斜倚在鋪著小毛毯的地板上，還有人不斷陸續加入。

「今晚我們要討論什麼呢？」阿卡德詢問大家。

有位身形高䠷的織衣工人，在短暫的猶豫過後，照慣例先起身後再開口說，「我想要討論一個話題，但又有點猶豫該不該提出來，因為這個問題對阿卡德還有各位朋友來說，好像有點可笑。」

在阿卡德和大夥兒的鼓吹下，他才繼續說道，「今天我很好運，撿到一個錢包，裡面還有幾枚金幣；能持續好運是我最大的渴望，大家應該都跟我有一樣的感覺，所以我想要討論『如何吸引好運降臨』的議題，說不定真能得到幸運女神的眷顧。」

「這是我聽過最有意思的話題，」阿卡德說道，「的確很值得大家討論。對某些人來說，幸運降臨的機會就像是意外一樣，任何人都可能碰上，不需要任何目的或理由；有些人則相信，幸運是掌握在我們最慷慨的女神——愛敘塔（Ashtar，編註：象徵豐饒、愛與戰爭的女神）手上，她總是非常願意用豐厚的禮物獎賞那些討她歡心的人。朋友，告訴大家，你的意思是不是希望找到『吸引幸運女神造訪、讓她賜福我們的方法』呢？」

「沒錯！沒錯！就是這個意思！」愈來愈多迫不及待的聽眾如此回應。

於是阿卡德繼續說，「要討論這個主題之前，讓我們先來聽聽，在場各位之中，是否有其他人跟這位織衣工人有同樣的經驗，曾經在沒付出任何代價的情況下，找到或收到一筆珍貴的財富或珠寶？」

大家都安靜了下來，顯然在期待有某人可以回答這個問題，但卻沒有。

「怎麼，都沒有嗎？」阿卡德說，「看來這樣好運的事的確相當罕見。有人要發表意見嗎？否則就沒辦法繼續討論囉！」

「我。」一個身穿精美長袍的年輕人站了起來，「如果要提到好運氣，大家都自然而然會想到賭桌吧？賭桌上不是有很多人，都在祈禱幸運女神的眷顧，讓自己贏大錢嗎？」

當他發表完準備坐下時，一個聲音開口叫道，「別停下來啊！繼續說！告訴我們，你真的在賭桌上遇到幸運女神了嗎？她有幫你把骰子轉到紅色那面，讓你贏到莊家的錢、賺飽你的荷包嗎？還是把骰子轉到藍色，讓莊家拿走你辛苦賺來的銀幣？」

看著眾人善意的微笑，年輕人也笑了，他回答說，「我想，幸運女神根本沒在賭桌上看到我吧，那你們呢？你們有發現她為了你們而轉動骰子嗎？有的話就請說說看，大家都很想聽，也想進一步瞭解。」

「這是個不錯的開始，」阿卡德打岔，「我們討論問題，就該從各種層面著眼思考。如果沒談到賭桌的話，就會忽略掉大多數人心中都存在的天性——大家都想碰碰運氣，看能否只花一點銀幣就贏到許多金幣。」

「這讓我想起昨天的賽馬，」另一位聽眾開口了，「要是幸運女神時常出現在賭桌旁，那她就更不會錯過賽馬才對。那裡有許多鍍金的華麗馬車，奮力衝刺的馬匹甚至都跑到口吐白沫了，這比賭桌來得更刺激。老實說吧，阿卡德，昨天女神是否曾對你細細耳語，要你把籌碼押在尼尼微來的灰馬身上？當時我就在你身後，聽見你把籌碼全押在灰馬身上時，我還一度懷疑是不是聽錯了，你應該知道在公平競爭的比賽裡，全亞述地區沒有其他的馬能跑贏我們最愛的棗紅色快馬。

是不是幸運女神早就在耳邊偷偷告訴你要押灰馬，因為在距離終點的最後一個轉彎處，跑在內側的那匹黑馬會摔倒，並影響到我們的棗紅色快馬，而讓灰馬意外撿到最後的勝利呢？」

阿卡德寬容地對開他玩笑的那個人笑了笑，「我們為什麼覺得幸運女神會在乎我們押哪匹馬呢？對我來說，幸運女神充滿愛心又莊嚴，她樂於幫助那些需要幫助或是值得褒賞的人。如果要找尋她的蹤影，我絕不會在賭桌或賽馬場這些老是讓人輸錢的地方尋找，而是在作為更值得回報、更有價值的人身邊找尋。

像是耕作土地的農夫、誠實交易的商人，無論是什麼職業，大家都有機會透過勞力工作或買賣來賺錢；或許付出不一定會有回報，因為有時候會判斷錯誤或是風向、天氣因素而讓收穫毀於一旦，但只要能堅持下去，就一定會獲得報酬——因為這樣的人始終對獲利的機會抱持著熱忱。

但如果是賭博的話，情況就會相反，獲利的機會永遠不會在我們身上，而是在莊家，因為賭博遊戲都是精心策劃過的，永遠只會對莊家有利，畢竟這是莊家的事業，他必須要從玩家手上賺取收入。可惜的是，偏偏沒什麼人瞭解：莊家永遠會贏，而自己贏錢的希望非常渺茫的道理。」

34 致富祕訣

賭博遊戲一般都是經過精心設計的，目的就是要贏得玩家手上的籌碼——所以十賭九輸，此話其來有自。

「舉例來說，我們來聊聊賭骰子的原理吧！每次丟骰子時，我們要押骰子最後哪一面朝上。要是紅色那面朝上，莊家就會付給我們下注籌碼的四倍金額；若是其他五面朝上，我們的籌碼就輸掉了。

這顯示出每次丟骰子時，我們都有五次機會輸錢；當紅色朝上時，我們的籌碼會變成四倍多，也就是說我們有四次機會能贏。所以啦！每晚賭博時，莊家都預期能夠賺得所有賭注的五分之一——在這麼精心設計的賠率下，玩家幾乎早就注定要賠掉五分之一的籌碼，只有偶爾才會贏。你說，還有人能穩贏嗎？」

「但偶爾還是有人可以贏大錢啊！」某位聽眾說道。

「的確是如此，」阿卡德繼續說，「但我想問問，你們口中這些贏錢的幸運兒，賭博贏來的錢有為他們帶來永恆的財富嗎？在我認識的巴比倫人當中，不乏許多事業相當成功的人，但我找不到哪個人的成功是藉由賭博建立而來的。

今夜聚集在此地的各位，一定認識更多有錢人吧，我也很想知道有哪些成功的人士，會將他們的成就歸功於賭桌。如果問你們，你們能說得上來嗎？」

經過好一陣子的沉默，有人打趣的說，「你有問過賭場莊家嗎？」

「要是你們想不到的話，那就只好把莊家也算進來了。」阿卡德如此回答。

「若在坐各位仍想不到的話，那你們自己呢？有人每次都穩贏不輸，把賭博當成穩定財源卻不敢說出來的嗎？」

聽到阿卡德這個有點挑釁的問題，人群後方出現了此起彼落的怨嘆聲，同時也夾雜著陣陣的笑聲。

「似乎我們都不會在這些地方尋求幸運女神的眷顧，」他繼續說到，「那讓我們談談其他領域吧！我們已經知道幸運女神不會讓我們撿到錢包，也不會讓我們在賭場大殺三方，至於賽馬，我得承認我輸掉的錢比賺到的多太多了。

現在來談談自己的買賣事業吧！只把做生意賺了錢視為自己付出努力的成果，而非受到幸運女神的眷顧，這樣真的合理嗎？我認為，其實我們可能忽略了幸運女神所賜與的贈禮——或許她真的曾經伸出援手，只是我們沒有把握她的慷慨賜福的機會罷了。有人想進一步討論嗎？」

隨後一位較為年長的商人起身，將身上高雅的白袍撫平後說，「高尚的阿卡德和朋友們，請容許我提出自己的看法。就如各位所說，如果將事業成就都歸功於自身的勤勉與能力，那其他從我們眼前溜走的成就呢？也許它們能帶來更大的利益。倘若這樣的狀況真的發生了，那才真的算是少數好運的例子；就是因為這些好運沒有機會實現，所以我們才沒辦法將其視為應得的報酬。在場一定很多人都有過這種經驗吧！」

「這個切入點很不錯，」阿卡德為之讚許，「你們有誰也曾經眼睜睜看著好運從手中溜掉的？」

很多人都舉起手來，阿卡德選了剛剛那位商人，示意他繼續說，「這個想法是你提出來的，我們應該先聽聽你的經驗。」

「我很樂意告訴各位這個故事，那的確可以說明好運是如何靠近一個人，而人們卻又是如此盲目地讓它溜走，讓自己蒙受損失，事後才來懊悔不已。」他接著分享起他的故事：

許多年前，我還是個新婚的年輕小夥子，正準備開始賺錢。有一天，我父親非常強烈地建議我去投資，說他好朋友的兒子對一塊土地很有興趣，那是一大片荒蕪之地，就在城外不遠的地方，由於它的位置比運河高，所以河水沒有辦法流進去。

我父親朋友的兒子打算要買下這塊土地，並建造三座大水車，讓牛隻拖動運轉水車，好引水灌溉這片土地。等一切都完工了之後，他會將這片土地劃分成數小塊的土地，再賣給當地居民種植藥草或香草。

只是，他沒有足夠的資金來推動這項事業。他和我一樣是個年輕人，收入尚可；他父親也跟我父親一樣，雖然家族龐大，但卻沒什麼財產。所以，他決定找了一群人共同投資。

他想找十二個人，條件是每個人都要有收入，並且願意投資個人收入的十分之一，直到這片土地可以出售為止，之後，將依照投資的比例公平分配買賣所得。

父親對我說，「兒子啊！你現在正年輕，我深深地希望你能開始建立自己的財富，讓自己成為值得尊敬的人，好完成我的心願。希望你能以我粗心所犯的錯誤為借鏡，從中記取教訓。」

「我也是這樣由衷地希望啊，父親。」我如此回答。

「那麼，聽我的建議吧，做我在你這個年紀本來應該要做的事——將收入的十分之一拿來做有利的投資，如此一來，在你到達我這個年紀之前，就會為自己累積到一筆可觀的資產。」

「父親，您的話是智慧之言，我也渴望能變有錢，但我賺的錢還有許多其他用途，對於您的投資建議我有些猶豫。我還年輕，往後多的是時間。」

「在我跟你一樣年輕時也是這麼想的，但你看吧！經過了這麼多年，我依然沒有跨出投資的第一步。」

「我們的時代不一樣了，父親，我應該能避免重蹈覆轍。」

「兒子，機會就在眼前啊！這正是致富的大好機會啊！我懇求你不要遲疑了，明天就去找我朋友的兒子，將收入的十分之一拿來投資。明天就立刻行動吧，機會是不等人的，眼前的機會稍縱即逝，不要再拖了。」

35 致富祕訣

看準時機，當致富的機會來臨時，別猶豫，搶先他人、勇敢踏出投資的第一步吧！

儘管父親如此建議，我還是猶豫了。商人剛從東方運來美麗的新長袍是如此的華麗，以至於我和妻子都覺得我們應該各擁有一件。當時我真該將收入的十分之一拿去投資，而不是為了滿足心中慾望而花大錢。我一直沒有做出決定，直到一切都已經太遲了，才感到懊悔莫及——因為後來，父親朋友兒子的那筆土地投資比任何人預期的還要賺錢。

這就是我的故事，白白讓好運從手中溜走的故事。

「這個故事讓我們看到了，看準時機把握機會，好運就會降臨。」一位皮膚黝黑的人如此做結論：「要建造宏偉的資產，就必須先打好基礎——一開始你可能只需從收入中拿幾枚金幣或銀幣來做第一筆投資。我是個牧人，擁有龐大的牧群，但當我還是個小男孩時，也只不過是用一枚銀幣買了頭小牛而已，但這卻是我財富的起源，對我而言相當重要。

對每個人來說，踏出建立財富的第一步，其實就如同好運降臨到自己身上一樣。這第一步，能讓自己從付出勞力辛苦賺錢的角色，轉變成讓金錢來替他賺錢的角色。有些人有幸能在年輕時就開始投資，將來的資產當然就勝過其他較慢投資的人；有些人則很不幸，就如同這位商人的父親一樣，從來沒有開始過。

若這位商人朋友在年輕時就能把握機會跨出這一步，也許今天就能盡情享受這個世界的美好事物；若早先那位織衣工人的好運，能讓他立即跨出這一步，那也會是往後成功與幸福生活的開端。」

36 致富祕訣

投資是你從「付出勞力賺血汗錢」轉變成「讓錢為你賺更多錢」的重要關鍵，愈早把握機會提早投資，將來就更有機會累積比別人更多的資產！

「感謝你的分享！我也想要說幾句話，」一位來自異國的陌生人起身說，「我是敘利亞（Syria）人，所以不太會說各位的語言。我想要給這位商人取個稱號，或許你會認為它不太禮貌，但我還是想這樣稱呼你。但是，唉！我不知道用你們的語言要怎麼說，若我說敘利亞語你們也聽不懂，所以哪一位好心人士願意告訴我，你們會怎麼稱呼這位躊躇不前，因而錯失大好機會的先生？」

「猶豫不決的人。」某個聲音說。

「對，那就是他！」這位敘利亞人激烈的揮手大喊，「當機會找上門時他卻沒有把握，一直在等待，一直說自己有其他的事要忙。『再見啦！』我告訴你，機會她不會等待慢吞吞的人，她認為若一個人渴望好運降臨，應該立即採取行動。那些機會來臨卻不馬上行動的人，都像我們這位商人朋友一樣，是猶豫不決的人。」

這位商人起身並善意地鞠躬回應諷刺他的人，「讓我表達對你的敬意，這位巴比倫的陌生面孔，感謝你如此毫不猶豫地說出事實。」

「讓我們再來聽聽其他關於機會的故事，有人願意與我們分享其他經驗嗎？」阿卡德如此詢問。

「我，」披著紅色長袍的中年男子開口，「我的工作是買賣動物，大多是駱駝跟馬匹，有時候我也會買賣綿羊跟山羊。我要說的故事，是關於機會是如何在某天夜裡意外的降臨，或許也正因為是真的太出乎意料之外了，所以我讓機會從手中溜走了，各位可以做個評判。」

有一次，我出遠門尋找買賣駱駝的生意，結束長達十天令人灰心的行程後，我在夜晚回到了巴比倫。令人惱火的是城門竟然早已緊閉深鎖，身邊的食物所剩無幾又沒水可喝。正當我的奴隸搭好帳棚準備過夜時，遇到一位同樣被鎖在城外的農夫。

「高貴的先生，」他對我說，「從外表看來，看得出來你從事動物買賣，如果沒錯的話，我想把這些我帶來的優良綿羊群賣給你。唉！我的妻子正重病發燒，我必須盡快趕回去。請你買下我的羊群，這樣我跟我的奴隸就能馬上騎駱駝趕回家，而不被羊群拖慢速度。」

天色很黑，我看不到他的羊群，但從羊的叫聲可以聽出數量一定很龐大。我白白浪費了十天找不到駱駝，當然很高興跟他做生意。由於他急著賣掉，所以開了個很漂亮的價格，我也欣然接受，我的奴隸明天一早就能把羊群帶回城中，賣個好價錢。

交易談妥了，我叫奴隸拿火把來，好算算羊群數量是不是真如農夫所說，有九百隻這麼多。朋友，我並不是要刻意誇大，但你們能想像一下，當時要算清楚這麼一大群又渴又累的羊群有多困難，根本是不可能的任務。所以我直接告訴農夫，我要等到天亮才能數清楚羊群數量，到時候才能付錢。

「拜託你，這位尊貴的先生，」他懇求我，「今晚先付我三分之二的錢，讓我可以先趕回家。我會把這個聰明又受過教育的奴隸先留在這裡，讓他明早好幫你清點羊群，這傢伙很可靠的，到時候你再把剩下的錢付清就可以了。」

但我當時很固執，拒絕當晚就付他錢。到了隔天早上，我還沒睡醒，城門就打開了，有四個買家衝出來急於購買牲畜。因為城市正遭受圍攻，糧食短缺很嚴重，所以他們很願意出高價買下羊群，後來農夫以比我高三倍的價格，把羊群賣掉了。這真是難得降臨的好運，我卻白白讓它溜了。

「這個故事還真特別！」阿卡德下了評語，「我們可以從中學到什麼？」

「當我們確信這筆生意是值得的時候，就該趕快付錢。」一位可敬的馬鞍工人提出想法，「如果這是筆划算的交易，就不要讓自己受自我的缺點所左右，就像你在對抗敵人一樣。我們凡人是很善變的，啊！應該這樣說，人們在面對正確的決定時，比在面對錯誤的決定時更容易改變心意。對於錯誤的決定，我們往往很固執；但對於正確的決定，又常常很容易動搖，而讓機會就這樣溜走。所以我認為最初的判斷才是最正確的，但是當我遇到一筆好生意時，我卻又很難讓自己堅持到最後。所以，為了免於受自己的弱點所左右，我會立即付一筆保證金，這樣做確實讓我不會事後才來懊悔，為什麼當初要讓已經降臨的好運溜掉。」

37 致富祕訣

如果覺得眼前這筆生意很划算，就不要猶豫、立即付款交易（或至少付筆保證金），免得被他人搶先、事後懊悔。

「也謝謝你的分享！我想再說幾句話。」敘利亞人再次站了起來，「這些故事都很雷同，得來不易的機會總是會因為某些原因而飛走。每次幸運女神來到猶豫裹足的人身旁，為他們帶來了絕佳的機會，但這些人卻每次都躊躇不前，而不是對自己說，這是最佳時機，我得立刻行動才好。這樣怎麼會成功呢？」

「說得真好，朋友。」動物貿易商說，「這兩個故事都是由於有所遲疑而平白損失好運，但這的確很常見——所有人的內心都存在著遲疑的壞毛病。大家都渴望變得富裕，但當機會真正來臨時，這些遲疑不決的毛病又會讓我們因為各種原因，而沒有好好把握住。

這樣聽起來，似乎我們都變成自己最大的敵人了。過去年輕時，我並不瞭解這位敘利亞朋友所津津樂道的道理，最初總認為是我自己驚腳的判斷，讓我損失許多賺錢的生意；爾後，我也曾將失敗歸咎於自己固執的性格；一直到最後，我才真正體認到——因為老是有不必要的遲疑，才導致沒有及時行動。其實應該要既迅速又果決，這才是上上之策。當我恍然大悟後，真的很痛恨自己的這種性格，但就像是野馬苦於馬車的束縛而掙脫韁繩一般，我掙脫了這個敵人的束縛，舉步邁向成功之路。」

38 致富祕訣

拋開不必要的遲疑，機會來臨時應該要迅速又果決，才不會老是錯失良機。

「謝謝你的意見！我想從商人先生的故事來提問。」敘利亞人又說，「你身穿美麗的長袍，這不像是窮人會穿的行頭。你的發言也著實像個成功的人，告訴大家，現在你是否還會聽從耳邊那令人遲疑的話語嗎？」

「就像從事動物買賣的這位朋友，我也必須認清遲疑的問題並努力克服。」商人回答，「對我來說，這的確是個大敵，它不斷從旁觀察並伺機阻撓我的成功。我剛才分享的故事，只不過是眾多『遲疑讓我損失機會』的案例中的一個。其實只要瞭解問題後，這並不難克服，就像大家都不允許竊賊搶取自己的穀倉一樣，也不會有人願意讓敵人搶走自己的客人，並奪走該有的利潤。當我認清遲疑這個大敵之後，就下定決心要克服這個問題；也就是說，每個人都必須做自己的主人，主宰自己心中的遲疑，才能分享巴比倫富饒的財富。阿卡德你說呢？因為你是巴比倫最富裕的人，許多人也讚頌你是最幸運的人，你是否也同意我的說法呢？每個人都必須粉碎內在遲疑的性格，才能夠真正到達成功的頂端。」

「的確就像你所說的，」阿卡德認同地說，「在漫長的歲月裡，我見證了世代的交替，人們在引領成功的貿易與科學之路上有長足進展，機運也不斷降臨在大家身上，有些人確實抓住了機會，穩定發展以致有能力滿足自己最深層的願望，但大多數人都遲疑了，因而舉步蹣跚地被拋在腦後。」

阿卡德轉向織衣工人，「稍早你提議大家討論有關幸運的話題，讓我們聽聽你現在的想法吧！」

「我確實對幸運有了不同的觀點。我本來認為幸運是大家所渴求、而且不用任何努力可以得到的好事，但現在我瞭解了，幸運並不是光靠期盼就能得到的。從大家的討論中，我學到如果要吸引好運降臨，就非得好好把握機會不可。在往後的日子裡，我將會盡力抓住這些機會。」

39 致富祕訣

幸運並非光靠期盼就可以得到；要吸引好運降臨，就要把握機會。

「你已經領悟到大家熱烈討論中所找出的真理了。」阿卡德回應，「我們確實找到了幸運女神，幸運總是伴隨機會而來，除此之外就鮮少出現。我們這位商人朋友握住了幸運女神賜予他的機會，並且得到了許多好運；而從事動物買賣的這位朋友，當初若能把握機會，買到那群便宜的羊群，也就能賣個好價錢，進而享受到好運了。

今天我們為了得知吸引幸運女神的方法，展開熱烈的討論，我認為大家都找到了答案。前面這兩則故事，說明了好運是跟著機會的尾巴而來的。這些故事的本質都很相似，無論結果是得到好運或是讓好運溜走，其中都有個不變的真理——抓住機會，好運才會降臨。」

40 致富祕訣

幸運總是伴隨機會而來，除此之外就鮮少出現。渴望並採取行動抓住機會達到成就的人，就是最能吸引幸運女神注意的人。

「渴望抓住機會達到成就的人，就能吸引幸運女神的注意，她是如此迫不及待地想幫助取悅她的人，而最能取悅幸運女神的人——就是懂得把握機會採取行動的人。懂得採取行動，就能讓你邁向渴望中的成功。」

「把握機會採取行動，就能獲得幸運女神的青睞。」

這樣做，才有錢！

1 賭博賺錢的多是一時的運氣，贏的永遠只有莊家。

2 在心中渴望機會的來臨！

3 幸運就是把握每一次投資致富的好時機，懂得採取行動就能邁向渴望的成功。

4 愈早把握機會提早投資，就愈有機會累積更多的資產。

5 如果投資或賺錢的好機會來了，就要把握機會進行交易，或至少付筆保證金保住你的機會，同時換取再思考的時間。

5 財富的五大定律

錢滾錢的祕密

他一直都沒有從巴比倫回來，
在這同時也證明了我是個超級冤大頭。

沙漠灌木所燃燒的篝火搖曳起舞，聽眾那被熾熱太陽曬得黝黑的臉龐，閃爍著興致勃勃的光芒，大家都對這個問題相當感興趣：「一個裝滿黃金的沉重袋子，跟一塊刻有智慧箴言的石版；如果讓你們選擇的話，你們會選哪一樣？」

「黃金，當然是黃金。」二十七名聽眾幾乎異口同聲。

年長的卡拉貝笑了，似乎早就預料到這個答案。

「你們聽，」他舉起手來說道，「聽聽夜晚野狗的叫聲，因為又瘦又餓而不斷嚎叫。要是餵牠們吃呢？牠們會彼此不斷爭鬥，吃完了還想要更多，對於明天的到來全無任何想法可言。」

41 致富祕訣

致富的智慧遠比現有的黃金更具價值——充分瞭解並遵循財富定律，才能獲得源源不絕的財富。

「人也是一樣，讓大家在黃金與智慧當中選一樣，結果是什麼？無視智慧的可貴而寧願選擇能夠揮霍的黃金，但到了明天就會開始哀嚎，因為黃金已經花完了。只有瞭解並遵循財富的定律，才能獲得財富。」

卡拉貝以長袍蓋住精瘦的雙腿，夜晚的冷風讓人感到涼意。

「由於你們在長途旅程中相當盡責地服侍我、妥善照料我的駱駝、不辭辛勞陪伴著我橫越滾燙的沙漠、還奮勇擊退覬覦商品的強盜，所以今天晚上我要告訴你們財富的五大定律，也是你們從未聽過的知識。你們要專心聽我所說的，倘若你們能留心並抓住要領，將來就會擁有大筆財富。」

說完這段話後，他暫停了一會兒。巴比倫湛藍的夜空，是如此純淨清澈、繁星閃耀，這群人身後搭著穩固的帳棚，以防沙漠風暴的吹襲，帳棚旁是大批堆放整齊捆好的商品，上面蓋著皮革。附近正在休息的駱駝在沙中伸展四肢，有些還嚼著反芻的糧草，看起來很滿足的樣子；有些則早已發出斷啞的鼾聲。

「你已經跟我們說過許多很棒的故事了，卡拉貝。」運貨工的領頭開口說，「明天這趟商途即將告終，往後的日子裡，希望你的智慧能繼續引領我們。」

「我之前告訴你們的，只不過是我在遙遠異地的冒險故事，但今晚要與你們分享的，則是來自阿卡德的智慧，他既睿智又富有。」

「我們聽過許多關於他的事蹟，」領頭認同地說，「他是巴比倫有史以來最富有的人。」

「不僅因為他是最富有的人，也是因為他極為睿智的生財之道，從沒有人能像他如此卓越！今晚我要將他的智慧傳授給你們，就像多年前在尼尼微，他的兒子諾馬希爾把這些智慧傳授給我一樣，當時我還只是個小夥子。

那一次，我跟我的雇主在諾馬希爾的豪宅中待了一整天，當時我幫雇主運送多捆毛毯到那裡讓諾馬希爾挑選試用，一直到他選到了滿意的顏色為止。事後，他心情愉悅地邀請我們成為他的座上賓，一起品嘗珍貴的葡萄酒，那特殊的氣味，讓不習慣喝酒的我，肚子都暖和了起來。

接著，他就與我們分享他父親阿卡德的偉大智慧，現在我也要與你們分享。」

如你們所知，巴比倫有項傳統，有錢人的孩子們都會繼承父親的財產，但是阿卡德並不認同這項傳統。因此，當諾馬希爾要繼承財產時，阿卡德寄給他一封信：

「我的兒子，我希望你能繼承我的財產，但你必須先證明自己有足夠的能力可以妥善運用這筆財產。因此，我希望你能先到外面的世界闖一闖，靠自己的能力來賺錢，並且成為一位值得尊敬的人。為了讓你有個好的開始，我要給你兩樣東西，當年我還是個窮小子正要開始工作賺錢的時候，可沒有這麼好運。

首先，我要給你一袋黃金，只要運用得當，它就可以成為你未來成功的基礎。

第二，我要給你的是這塊石版，上面刻有財富的五大定律，只要你瞭解並身體力行，就能帶給你卓越的能力與保障。

十年後再回到家裡來，讓為父的看看你的表現，若你證明自己的確有能力，我就讓你繼承財產，否則我就把財產贈予祭司，他們會幫我向眾神祈求，讓我的靈魂得以安息。」

爾後，諾馬希爾就帶著這袋黃金、用絲質衣料小心包好的石版，以及幾個奴隸，策馬往北方出發了。

過了十年後，諾馬希爾依照承諾回到父親家中，阿卡德設宴迎接愛子的榮歸，並且邀請了許多親戚朋友一同赴宴。宴席結束後，阿卡德與妻子坐在大廳裡有如王座般的座椅上，諾馬希爾則站在父母面前，按照約定要一展這十年來的成果。

夜幕低垂，屋內點著昏暗的油燈，燈芯散發出朦朧的煙霧。穿著針織外套與束腰上衣的奴隸，手上拿著長長的棕櫚葉，在潮濕的空氣中有節奏地搧動著風，場面充滿了莊重又尊貴的氣氛。諾馬希爾的妻子與兩名孩子，跟親友們一同坐在他身後的毛毯上，準備洗耳恭聽。

「我的父親，」他謙恭地開口說，「我拜服您的智慧。十年前，我才正要成年之際，您不願我成為您財產下的奴僕，所以吩咐我到北方去，期望我能出類拔萃並飛黃騰達。您如此慷慨地賜予我黃金，也賜予我您的智慧。說到這些黃金，唉！我必須承認我沒有妥善運用，因為缺乏理財經驗，黃金就像是被小孩抓住的野兔一般，一逮到機會就溜掉了。」

他的父親和藹地笑了，「繼續說吧，兒子，我想聽你細細道來。」

「我出發時決定要去尼尼微，那是一座正值蓬勃發展中的城市，我相信絕對可以找到機會。我加入了商隊，也因此交了很多朋友，其中有兩位談吐文雅的男子，擁有我所見過最漂亮的白馬，奔馳的速度就像風一樣快。

在旅程途中，他們私下告訴我說，尼尼微有個有錢人，擁有一匹速度很快的馬，從來沒有跑輸過，而且他相信世界上已經沒有馬可以跑得比他的馬還要快，所以他敢於下大注，賭自己的馬絕對不會跑輸巴比倫城的任何一匹馬。但這兩個人誇口說，其實這匹馬還是不如他們的白馬，他們有把握可以讓對方輸得慘兮兮的。

就像賜我恩惠一般，他們允許我也加入這場賭局，而我也對這個計畫信心滿滿。結果反倒是我們的馬輸慘了，我也因此丟了很多錢。」

他的父親又笑了。

「後來我才發現，這根本是場騙局，這兩個人一直都在找商隊的人下手，您明白嗎？他們跟尼尼微那個有錢人根本是一夥的，彼此分享一起贏來的賭注。這個狡猾的騙局讓我上了人生的第一堂課，提醒自己往後要多加留意。

之後，很快又讓我碰到了第二次慘痛的教訓。商隊中有一位年輕人，我們是好朋友，而他的父母也很有錢，就像我一樣，他也要前往尼尼微找個好地方定居。抵達目的地不久，他告訴我有個商人過世了，可以用很便宜的價格，收購那間商品豐富的店面與經營權。他表示我們可以一起當合夥人，不過他得先回巴比倫弄些錢來，所以說服我先用我的錢買下來，等他回來再還我錢，往後一同經營這份事業。

不過，他一直都沒有從巴比倫回來，在這同時也證明了——我真的是個超級冤大頭。

後來我終於找到他，但那也是這家店經營失敗之後的事了，因為店裡的商品根本就賣不出去，而我也沒有錢再去添購其他物品，最後只好全部賤價賣給一位以色列人。

我的苦日子很快就開始了，父親。我想找份工作卻找不到，因為我沒有任何工作技能，也沒受過訓練，所以沒辦法賺錢。我賣了我的馬、賣了我的奴隸、也賣了多餘的長袍，才能勉強買食物並找到棲身之所，日子過得一天比一天拮据。

但是，在這些苦日子中，我依然記得您對我的信心，父親！您要我到北方來，是為了要我成為傑出的人，而我也是如此下定決心的。」

他的母親聽到這裡，忍不住低頭落淚。

「就在此時，我想起您給我的石版，上面刻著財富的五大定律，我仔仔細細地研讀了這些智慧箴言，才發現要是我能早點意識到這些智慧的真意，就不會白白損失這些錢了。

我確實學會了這些財富定律，也決定下次當幸運女神對我微笑時，我將遵循這些歲月累積下來的智慧，不會再讓少不經事害了自己。

各位今晚有幸坐在這裡，我要為各位朗讀這些智慧，也就是我父親十年前送我的石版上所刻的箴言：

財富的五大定律

- 將收入的至少十分之一存下來，為自己的未來跟家人創造資產，財富就會源源不絕流入荷包。
- 找到正確的投資方向，財富就會勤勉又樂意地幫主人賺錢，並像原野上的牧群一樣日漸龐大。
- 尋求理財專家的建議並審慎投資，以確保財富不會流失。
- 若投資自己陌生的領域，或是連理財專家都不看好的事業投資或用途，財富就會從手中溜走。
- 如果你堅持投入無法獲利的投資，或受到詐欺分子與黑心人士的誘騙，亦或順從自己無知的判斷及參與不切實際的投資，終將失去財富。

這些就是我父親寫下的財富五大定律，我認為其價值更勝於黃金，接下來的故事中，我會清楚說明。」

他再次面向父親，「這就是由於我的經驗不足，而令我變得貧困又絕望的情況。但再悲慘的日子總有結束的一天，後來我找到了工作，負責帶領一群工人在新造的外城牆上工作，此時情況就有所轉變了。

我運用財富的第一定律，就是從薪水中固定存下一些銅幣，日積月累，終於足夠換得一枚銀幣。在需要生活開銷的情況下，這的確是段緩慢的過程，我也承認我存得很辛苦，因為我決定要在這十年當中，賺回您當初給我的那些黃金。

某天，我跟奴隸工頭混熟了，他告訴我：『你是個節儉的年輕人，從不揮霍賺來的錢，你難道不把這些薪水當成自己賺來的報酬嗎？』

『沒錯，』我如此回答他，『我最大的願望，就是要賺回父親當初給我卻被我揮霍掉的那些錢。』

『我承認這是個值得尊敬的雄心，但你知道存下來的錢也能幫你賺更多的錢嗎？』

『唉！我有過慘痛的經驗，也因此賠掉父親給我的錢，所以現在我很怕會重蹈覆轍。』

『如果你肯相信我，就讓我來幫你上一堂有利可圖的理財課。』他如此回答，『一年後，這城牆就會完工，屆時就要在各個入口建造巨大的青銅城門，好保護城市不受外敵侵擾，但是尼尼微卻沒有足夠的金屬來建造城門，而國王也還沒有發現到這個狀況。因此，我的計畫是這樣的：我們找一群人一起出資，派商隊到遙遠的礦脈去，帶回城門所需要的銅礦和錫礦，當國王下令建造城門時，我們就能用高價賣給國王，如果到時候國王不買，我們也能把這些金屬用合理的價錢賣出去。』

他的提議讓我想起了財富的第三定律，也就是要遵循專家的建議來投資。這次的確沒讓我失望，大家共同投資成功，我所存下的一點錢也由於這次交易而成長了許多。

這次交易後，我也成為這批投資團體的一員，成員都是很會投資理財的專家，每次投資前都會對投資計畫審慎評估，絕不冒著賠上資本的風險，也不會讓財產套牢在無法獲利的投資上，造成資金無法回收。要是與他們討論到一些荒謬的投資，例如賽馬或是我之前缺乏經驗而栽跟斗的合夥投資，他們馬上就能指出問題所在。」

42 致富祕訣

要學會安全的投資。進行投資前要審慎評估，絕不冒著賠上資本的風險；亦勿讓財富套牢在無法獲利的投資上，以免資金無法回收。

「跟這些人合作，我學會如何安全的投資，並且確保能回收獲利。幾年過去了，我的財產也愈來愈快速增長，不僅連先前損失的錢都賺回來了，還賺得更多更多。

從一開始的噩運不幸、磨練考驗、一直到現在的成功，我不斷驗證了父親所說財富的五大定律，屢試不爽。對於不瞭解五大定律的人來說，賺錢很困難，花錢卻很快，但若能遵循這五大定律，財富就會自動送上門，而且還會成為盡忠職守的賺錢幫手。」

諾馬希爾說到此處停了下來，向廳房後方的奴隸示意，奴隸搬了三趟，共搬來了三個沉重的皮袋。諾馬希爾將其中一袋放在父親面前，並向他說：

「您當初給了我一袋出自巴比倫的黃金，您瞧！這袋則是我要還給您、同樣數量出自尼尼微的黃金，這是一筆等價交易，我想大家應該都會同意。您當初也給了我一塊石版，上面刻著智慧之言，您瞧！現在我要加碼還給您這兩袋黃金。」

說完，他從奴隸手裡接過另外兩只袋子，也放在父親面前。

「父親，這就是我要向您證明的，我認為您的智慧比這些黃金更加有價值。但是又有誰能衡量智慧到底值多少袋黃金呢？沒有這些智慧，就算有錢也很快就會失去；但有了這些智慧，就算原本沒有錢的人，也可以藉此賺到很多錢，這三袋黃金就是最好的證明。

由於您的智慧，我能站在這裡跟您報告，我確實很滿意這樣的成果。父親，我已經有能力變得富有，也能成為他人所尊敬的人了。」

他的父親溫柔地把手放在諾馬希爾頭上說，「你已經學得很好，而我也很幸運有你這樣的兒子，讓我能把財產托付在你的手上。」

卡拉貝說完了故事，看著這群聽眾，眼神略帶批判。

「聽完諾馬希爾的故事，你們有什麼想法嗎？」他繼續說道，「你們有誰能像諾馬希爾一樣，向父親或者是岳父證明，自己有能力妥善處理他們的財產嗎？

這些德高望重的長輩大概認為你們會告訴他們說：『我到過很多地方，學了很多也很辛苦賺了不少錢，但很可惜！財產卻不多，因為有些我妥善運用了，但有些則花在不該花的地方，另外有更多則是因為用錯方法而賠了不少。』

你們現在還會認為，命運本來就是反覆無常，有些人天生就注定很有錢，有些人就注定很窮嗎？那你們就錯了。

只要瞭解財富的五大定律並確實遵守，大家都能變成有錢人。

因為我在年輕時就學到了這五大定律，也確實遵守了，所以我成為富裕的商人，這可不是因為我有什麼魔法聚積財富才變得有錢。

錢財來得快，去得也快！

要享受足以令人滿意的財富，必須得要慢慢累積才行，因為財富是知識加上恆久不懈的決心所能得到的產物。

對有強烈想法的人來說，下定決心要賺錢並不會造成太大的負擔，只要年復一年持續下去，就能達到致富的目標。」

43

致富祕訣

錢來得快，去得也快。想要一直擁有財富，必須有致富的頭腦加上堅持不懈的決心來慢慢累積。

遵守財富的五大定律就能讓你們得到優渥的回報。

在我簡短的故事中，你們大概已經知道每項定律都有其各自的涵義，為了強化你們的印象，我一一再為各位重複說明一次，這五大定律當中的每一項我都已經牢牢記在心裡了，因為我在年輕的時候就發現，若不確實把每句話都弄清楚，就無法真正預見這些定律的價值所在。」

定律1

將收入的至少十分之一存下來，為自己的未來跟家人創造資產，財富就會源源不絕流入荷包

「若能持續將收入的至少十分之一存下來，並且妥善投資，就能創造一筆相當有價值的財富。不僅能源源不絕地提供自己未來的收入，萬一自己蒙眾神寵召至黑暗的世界時，也能對自己的家人有所保障。

此定律表明了，金錢會流向願意這樣做的人，我親身驗證了這點。當我存的錢愈多，更多的錢就愈發滾滾而來，因為我存的錢能幫我賺更多的錢，同樣的，你們賺的錢也能幫你們賺錢，這就是財富的第一定律。」

定律2 找到正確的投資方向，財富就會勤勉又樂意地幫主人賺錢，並像原野上的牧群一樣日漸龐大

「金錢本身就像是勤奮的工人，只要逮到機會就會增值。只要自己能先存下一筆儲蓄，遇到機會時就能做最佳的投資運用，再經過一段時間的投資獲利，財富成長就會相當驚人。」

定律3 尋求理財專家的建議並且審慎投資，這樣才能確保財富不流失

「金錢遇到謹慎的人就會緊跟著不放，遇到草率的人就會偷偷溜走。

如果你懂得尋求理財專家的建議，應該很快就可以明白，絕對不能把錢拿來冒險亂投資，你應該要做的是，安全的投資以獲得穩定獲利，如此才能夠享受財富的甜美果實。」

定律4 若投資自己陌生的領域或連理財專家都不看好的事業，財富就會從手中溜走

「許多人雖然有錢，但缺乏妥善理財的能力。

這種人會誤認為某些投資好像能夠獲取極大的利潤而斷然投入，不過，這樣做通常充滿了賠錢的風險，如果在砸下錢之前能先尋求專家的分析，就能提早發現，其實獲利的機會可能微乎其微。

對經驗或是知識不足的人來說，如果只順從自己的判斷就貿然投資陌生的領域或用途，最後的結果，往往就是發現自己的判斷錯誤，這等於是用錢買經驗；但是，假使一個人夠聰明的話，他就會事先尋求理財專家的建議，再進一步妥善並規劃投資的方向。」

定律5

若堅持投入無法獲利的投資，或受到詐欺分子與黑心人士的誘騙，抑或順從自己的無知判斷與不切實際的投資，終將失去財富

「投資新手時常會聽到某些夢幻的投資機會，就像是書中的奇幻冒險一樣誘惑人心，好像它能對自己的資金施展魔法，逮到機會狠狠地大賺一筆；但如果你夠聰明，就會知道這種短時間內就能牟取暴利的機會，背後一定隱藏著極大的風險。

別忘了，就算是尼尼微的富翁，都不願意冒著資金損失或套牢的風險，去投資賠錢的生意。

關於財富五大定律的故事我就說到這裡，各位聽了這些故事，也就聽到我成功的祕密了。但其實這些並不是祕密，只不過是真理罷了，大家都必須先學會並實踐這些道理，從此擺脫貧窮大眾的煩惱，不再像是野狗一樣，過著有一餐沒一餐的日子。明天我們就要踏進巴比倫了，看吧！那是貝爾神殿上的永恆聖火！這座黃金之城已經映入眼簾了。

明天，各位就能賺到錢了，這是你們為我盡心盡力所應得的報酬。

十年後，各位手上這筆錢會變得如何呢？

倘若你們像諾馬希爾這樣，用一部分的錢開始建立自己的財富，並遵循阿卡德的智慧引領，十年後，我敢保證你們也能如同阿卡德之子一般，不但富裕，還能受到眾人的景仰。

我們的智慧之舉將會影響我們的一生，讓我們可以得到歡喜與幫助的援手；同樣地，我們的不智之舉也會影響一生，使我們遭受荼毒以及痛苦的折磨。唉！這些都令人難以忘懷。試著回想從前，一定有某些機會曾降臨眼前，但我們卻沒有好好把握，爾後才會遭受這些痛苦的折磨。

巴比倫的財富如此富饒，誰也說不準到底值多少黃金，而這些財富還在逐年增長中。如同每塊土地上孕藏的寶藏，這些都是報酬啊！是這些富有企圖心的人們，下定決心努力賺錢所應得的豐富報酬啊！

致富的渴望中蘊含著魔力，運用財富的五大定律來引導這股力量，就能分享巴比倫的財富。」

這樣做，才會有錢

1 錢存得愈多，能以錢滾錢的機會也就會愈多。所以，請務必至少將收入的十分之一存下來。

2 找到正確的投資方向，別放過大發利市的機會。

3 金錢遇到謹慎的人會緊跟著不放，遇到草率的人就會偷偷溜走——尋求理財專家的建議並審慎投資，勿輕易冒險。

4 不要貿然投資自己陌生的領域，想想自己是否有那麼多的本錢可以「花冤枉錢買經驗」。

5 短時間可牟取暴利的機會，背後一定隱藏著極大的風險——要小心！

6 致富的智慧不是金錢可以衡量的，它能讓有錢的人更有錢，讓原本貧困的人因此而賺錢——只有瞭解並遵循財富的定律，才能真正獲得財富。

巴比倫的錢莊老闆

借錢給人要小心

梅森拿起領片並輕輕拍了拍，
似乎對它充滿了感情，
「我永遠沒機會從箱子裡把這領片拿出來，
因為它的主人已經過世了。」

五十枚金幣！製矛工匠羅丹的皮包裡從來沒有這麼多錢過，他欣喜地步出那慷慨陛下的皇宮，在大道上邁步走著。每踏出一步，腰帶上的錢包裡就會傳出金幣互相碰撞的悅耳聲響——這是他聽過最美妙的旋律！

是五十枚金幣啊！全部都是他的啊！他無法置信自己的好運氣。這些叮噹作響的小硬幣，所蘊含的力量是如此的大！足夠讓他買下所有想要的東西，大房子、土地、牛隻、駱駝、馬匹、馬車，所有他想要的都買得起。

這些錢要用來做什麼好呢？這天晚上，他走進妹妹住家的巷子裡，這一路上他都想不到，除了這些閃耀的沉重金幣以外，他到底還想要什麼東西——他只想把錢留在自己身邊。

又過了幾天，在某一個夜晚，思緒依舊困惑的羅丹走進梅森的店裡，那是間兼作珠寶與珍貴布料生意的錢莊。店裡陳列了五顏六色的商品，但他並未因此左顧右盼，而是直接走進後方的廳房內，他看見氣質高雅的梅森，慵懶地靠在毛毯上，黑人奴隸正服侍他享用晚餐。

「我想談談這筆錢，我不知道該怎麼做比較好。」羅丹雙腳微開的呆站在那裡，皮外套下露出毛茸茸的胸口。

梅森向前走近，瘦窄且泛黃的臉龐露出微笑善意地打招呼，「你做了什麼蠢事，怎麼會來錢莊呢？在賭桌上輸錢了嗎？還是被哪個胖女人纏上了？我認識你這麼多年了，你從沒開口要我幫你解決什麼問題啊！」

「不是啦！不是，不是這樣的，我不是來借錢的！我只是希望你給我建議。」

「聽聽看！聽聽看！這傢伙說了什麼，誰會來錢莊詢問什麼建議啊？我一定是聽錯了！」

「我是說真的。」

「是嗎？製矛工匠羅丹的手藝比所有的人都還靈巧，今天來找梅森我，居然不是為了借錢，而是要來問我的意見呢！很多人都會來找我借錢，好為自己的蠢事付出代價，但是卻多半不想聽我的建議；要解決問題，還有什麼人比錢莊老闆更能提供建議的嗎？」

「跟我一起用餐吧，羅丹。」他繼續說，「今晚你就是我的客人了。」

他命令黑奴：「安杜爾，這是我朋友，製矛工匠羅丹，他來問我一些建議，幫他鋪條毯子，他可是我的好客人，多弄點吃的來，順便把我最大的杯子拿來，還要拿瓶最好的葡萄酒，今天要讓他喝個過癮。」

「告訴我你遇到什麼麻煩吧！」

「是關於國王的贈禮。」

「國王的贈禮？國王的贈禮讓你煩惱嗎？是什麼樣的贈禮？」

「因為他對我新設計的皇家護衛長矛槍頭很滿意，所以贈送我五十枚金幣，我現在很困擾——天天都有人希望跟我分享這些錢哪！」

「這很正常啊！想要錢的人比有錢的人還多，當然也希望自己能夠輕鬆地分享其他人的財富。不過，當別人要共享你的財富時，你難道無法開口說『不』嗎？難道不能抱著強硬如拳頭般的決心拒絕嗎？」

「我可以拒絕的機會太多了，但有時候說『好』還比較容易。難道你能拒絕跟自己悉心呵護的妹妹分享財富嗎？」

「我想，你妹妹一定也不願意剝奪你享受財富的喜悅吧？」

「老實說，她其實是為了她的丈夫，亞拉曼。她期待有朝一日能見到丈夫成為一個成功的商人，但卻認為丈夫從沒遇到好的機會，所以希望我可以借他錢，等到事業飛黃騰達賺錢之後再還我。」

「我的朋友，」梅森繼續說，「這個問題的確非常值得討論。一旦有了錢，責任

致富祕訣 44

一旦有了錢，你的責任和立場就會有所改變，必須小心謹慎——別為了幫助親朋好友，而使你的好意變成大麻煩。

感就會伴隨而來，還會讓自己的立場有所改變。你會開始害怕損失這些錢，或擔心錢被其他人拐走；但擁有財富也會讓你覺得有更多的能力做更多好事。同樣的，金錢雖然帶來了許多機會，也可能會把好意變成麻煩，要小心因此而陷入困境。

你知道嗎？尼尼微有個農夫聽得懂動物的語言，我想你一定沒聽說過吧，畢竟這不是整天鑄銅的漢子們會聊的話題。我要告訴你這個故事，讓你瞭解金錢的借貸過程中，並非只是將手上的錢交給其他的人這麼簡單。」

有一位農夫聽得懂動物之間彼此交談的語言，他每天晚上都會逗留在農場裡，聽動物在說些什麼。

某天夜晚，他聽到有頭牛在對驢子抱怨自己的命運有多坎坷：「我每天從早到晚辛苦地拉犁耕地，不管天氣多炎熱，或者我的腳有多疲，甚至脖子被拖犁的弓給擦傷了，仍然都得做個不停。你倒是很悠閒，裹著色彩繽紛的毛毯，什麼事都不用做，只要負責把主人載到想去的地方就好，如果他不用外出，你就可以休息一整天，悠閒地吃草。」

雖然驢子有時會故意踢踢腿，但牠還是個討人喜歡的朋友，也很同情牛的遭遇，牠說，「你的確很認真工作，我也想幫你喘口氣，我來教你怎麼讓自己放一天假吧！明天早上，工人要來拉你去耕田時，你就躺在地上不停吼叫，他就會以為你生病了沒辦法工作。」

於是，隔天早上牛就按照驢子的建議裝病了，工人連忙跑去跟農夫說牛生病了，沒辦法耕田。

農夫回答，「那就拉驢子去耕田，田不耕可不行。」

結果那一整天，好心要幫助朋友的驢子，卻被拉去做牛的工作。到了晚上工作結束後，牠感覺到心臟不舒服，腳也很痠痛，用來拖犁的弓更是擦傷了牠的脖子，一碰就痛。

這次，農夫一樣在穀倉旁偷聽。

牛先開口了，「你真是我的好朋友啊，幸好有你的建議，我今天才有機會休息啊！」

「但是，」驢子回嘴說，「我卻像其他單純想幫助朋友的人一樣落得不幸的下場，到最後竟是由我接替你的工作！以後你得自己去耕田，我還聽到主人說，下次你再生病的話就要把你賣給屠夫，希望他說到做到，誰叫你這麼懶。」從此以後牠們彼此就不再說話了——友情就此告終。

「你知道這故事有什麼寓意嗎？」

「這故事很不錯，」羅丹回答，「但我沒聽出什麼寓意。」

「我想也是，但其實寓意很顯而易見，也不怎麼複雜。它就是在告訴我們：如果真的想幫助朋友，也千萬要小心，不要因此給自己找麻煩。」

「我倒是沒想到這一層呢！這寓意說得很對，我並不想承攬我妹婿的負擔啊！告訴我吧，你借錢給別人後，他們會欠著不還嗎？」

梅森笑了，似乎經驗相當老道，「要是借錢的人沒辦法還錢，他能借得到錢嗎？貸款人必須要相當明智地判斷，借款人是否能將這筆錢妥善運用，最後還有能力還錢；或者借款人根本沒辦法妥善運用，最後把錢都浪費掉，因而無法還清一屁股債。我得讓你看看我那箱子裡的抵押品，讓你聽聽它們的故事。」

他搬來一個跟手臂差不多長的箱子，上面蓋著紅色的豬皮，還鑲有青銅裝飾。他把箱子放在地上，蹲在箱子前面，雙手放在蓋子上。

「每當我借錢給別人的時候，我就會跟他們要求一樣抵押品，一直到他們還清了借款，才把東西還給他們。要是有人一直沒有還錢，我也能藉此知道，到底是誰破壞了借貸的信用。

這只箱子讓我學到，借錢給什麼樣的人最保險：

第一種，就是那些抵押品的價值遠超過他們想貸款的金額的人。這些人可能還有土地、駱駝或其他可以用來變賣還錢的財產，有些人是用珠寶或比借款更有價值的東西來抵押；有些人則是承諾若是無法還錢時，願意用他所擁有的某種財產來還錢，諸如此類的交易……，以對方抵押品價值的多寡來決定貸款的金額，來確保借出的款項能夠回收，並額外附加利息。

第二種，就是借錢給有能力賺錢的人。就像你一樣，透過辛勤勞動或提供服務獲得薪水——也就是有固定收入的人。我知道他們只要腳踏實的賺錢，而且沒什麼意外的話，就能夠還清借款，還能支付我所開出的利息，這種貸款方式就要評估借款人是否夠努力上進了。

第三種，就是沒有財產也沒有賺錢能力，生活困苦又沒辦法應付生活的人。遇到這種情況，除非有好朋友能出面擔保他們的人格，我才會借給他們，否則若我因同情而慷慨借錢，就算只了借一分錢，在往後的幾年內，箱子裡未贖回的抵押品還是會讓我感到對不起自己。」

45
致富祕訣

借錢給別人時要小心，借給那些抵押品的價值遠超過他們借款的人最保險，再來就是有能力賺錢、腳踏實地且有固定收入的人。

梅森解開箱子的扣環並打開蓋子，羅丹迫不及待湊上前去。

箱子最上層是一片青銅製的領片，下面壓著一塊鮮紅色的布，梅森拿起領片並輕輕拍了拍，似乎對它充滿了感情，「我永遠沒機會從箱子裡把這領片拿出來，因為它的主人已經過世了；我很珍惜這件抵押品，也很懷念他的主人，因為他是我的好朋友。我們彼此合作過很多次，都沒什麼問題，直到他在東部帶回了一個女子並且和她結婚才變了樣。他的妻子相當美麗，但跟我們的妻子最截然不同的地方是，她簡直是愛慕虛榮到了極點！我好友大方慷慨解囊只為了滿足她的物慾，後來他告訴我他已經散盡家財，整個人變得相當憂鬱。我跟他談了談，並表示願意再幫他一次，以解決他的困難，他也對天發誓一定不會有下次了。但事與願違，後來在夫妻爭吵的過程中，由於他的惡言挑釁，妻子將刀刺進了他的心臟。」

「那她呢？」羅丹問。

「當然，這塊布就是她的。」他拿起鮮紅色的布，「事後她相當痛苦自責，最後縱身躍進了幼發拉底河，這兩件貸款永遠都不會還清了。羅丹，這箱子能讓你瞭解，雖然身陷痛苦情感的是別人，但錢莊還是會有被牽連的風險。」

「看看這個！這就不同了。」他拿出一只牛骨刻成的戒指，「這是一位農夫所有，我曾跟他太太買過毛毯。有次農場受到蝗蟲肆虐，收成全都落空，因此我借錢給他，幫他紓困，隔一次收成時他就馬上還清了借款。過沒多久他又來了，說是聽到旅人描述遠方有批奇特的山羊，羊毛又長又細又柔軟，可以織成巴比倫有史以來最漂亮的毛毯，他很想買下這批山羊但卻沒有錢，所以又跟我借錢去外地買山羊。現在，他已經開始放牧這些山羊了，明年我就能拿到這些昂貴的毛毯，讓巴比倫的貴族們為之驚豔，他們能買到還真是三生有幸。我想很快就能把戒指還給他了，因為他堅持一賺到錢就要馬上贖回。」

「也有人借錢做生意的啊？」羅丹接著問。

「是啊，我發現他們的目的通常是為了把做生意損失的錢賺回來。但若是因為做了什麼蠢事才來借錢，我會告誡他們，再不謹慎點，就永遠無法把錢賺回來了。」

「那這個呢？」羅丹拿起一只沉重的金手鐲，造型奇特還鑲有珠寶。

「看來我的好友對女人特別有意思。」梅森故意開玩笑。

「我可比你年輕多了。」羅丹回嘴。

「我承認啊，但你這次可能要幻想破滅了，手鐲的主人是個又肥又滿臉皺紋的女人，極度聒噪，一開口就快把我逼瘋了，他們家曾經很有錢，也是很好的客戶，但難免會遇到瓶頸。她希望兒子將來當個商人，所以來向我借錢，好讓兒子能成為商隊老闆的合夥人，這支商隊通常往來於各個城市之間作買賣。

但商隊老闆其實是個無賴，居然趁這可憐的小夥子熟睡時偷偷溜走，把他留在外地的城市裡，身無分文又沒有朋友。或許要等這孩子長大才有能力還錢吧！我也沒賺到什麼利息——只聽到他老媽不停碎碎唸，但我承認這件珠寶的確有抵押的價值。」

「這位女士有請你提供什麼明智的建議嗎？」

「壓根兒沒有。她想像兒子將來會成為巴比倫有錢有權的大人物，要是我的建議跟她的背道而馳，可能會讓她火冒三丈！我是有稍微指責她，因為這對沒有經驗的孩子來說風險太大了，但是既然她保證不會有問題，我也沒辦法再拒絕了。」

「而這個，」梅森拿起一條打結的捆繩晃了晃，繼續說，「是駱駝商人尼貝托拿來的，當時他想買一大群牲畜，但手頭資金不太夠，就拿這條繩結來跟我借了所需的錢。他是個聰明的貿易商，我對他的判斷很有信心，所以也很放心借他錢。其實我對巴比倫許多商人都很有信心，因為他們的行事作風很正直，抵押品也常在我這裡來來去去。好的商人就像是這座城市的資產，幫助他們不僅只有我能賺錢，整個巴比倫也會因貿易流通而更加繁榮。」

梅森接著拿起一顆綠松石雕刻的甲蟲，輕蔑地丟在地上，「埃及來的小蟲，拿這個來的小夥子根本不在乎我能不能把錢拿回來，當我責備他不還錢時，他回答，『我的命運這麼悲慘，是要怎麼還錢？你明明就還有很多錢。』我能說什麼？這抵押品是他父親的——一位可敬的男士，在無計可施的情況下典當了自己的土地跟牧群，並把錢拿去支援兒子的事業。這小夥子一開始還算成功，但後來太急著想要賺大錢，在知識和經驗尚未熟稔的情況下，他的事業倒了。年輕人很有野心，想要走捷徑賺大錢，好滿足一己之欲，但為了賺錢反而胡亂借錢。

然而年輕人的經驗不足，不瞭解幾乎沒有機會還清的龐大債務就像是個無底洞，一旦掉進去，就算再怎麼掙扎還是徒勞無功——一個充滿悲哀與懊悔的無底洞，不僅照不到陽光，連夜晚也睡得非常不安穩，沒有幸福可言。但我並非反對借款，我是很鼓勵借款，不過要用在正確的用途上——我自己也是運用借款才成為成功的商人。

那放款人遇到這種情況該怎麼做呢？這小夥子已經失去希望，一事無成又相當沮喪，也無心還錢，而我當初也很反對他父親典當自己的土地跟牛群。」

「你說了很多故事，我也很有興趣聽下去，」羅丹插嘴說，「但我沒聽到我要的答案，我該不該把那五十枚金幣借給我妹婿呢？這些錢對我來說很重要。」

「我很尊敬你那優秀的妹妹，她丈夫應該要來找我借這五十枚金幣才對，這樣我就能問問他想要怎麼運用這筆錢。

若他回答說想要成為像我一樣成功的商人，做些珠寶跟飾品生意，我就會問他：『你對貿易的方法瞭解多少？你知道哪裡可以用低價購買商品嗎？還有哪裡可以用高價出售商品？』他有辦法回答『我知道』嗎？」

「他答不出來的，」羅丹坦承地說，「他只有在我製作長矛時幫了不少忙，有時候還會幫忙顧店。」

「那我會告訴他：這不是個明智的決定。商人必須學會貿易，雖然他的抱負很值得讚賞，但是太過不切實際了，所以我不會借錢給他。不過他如果這樣回答：『我知道，我曾經當過商人的助手，我知道怎麼到士麥拿（Smyrna）用便宜價格購買家庭主婦所織的毛毯，也認識很多巴比倫的有錢人，可以高價賣出毛毯讓我賺錢。』那我就會說：『你的確能妥善運用這筆錢，抱負也很值得讚賞，只要你保證能夠還錢，我就願意借你五十枚金幣。』但是他若接著說：『我只能用我的名譽保證我會還錢。』那我就會回答，『我很珍惜我的每一塊錢，要是你在前往士麥拿途中被土匪盯上，或者回城途中毛毯被搶了，你就沒辦法還我錢了，我的錢也就不見了。』

羅丹，你看得出來吧？金錢就是錢莊的商品，借給別人很容易，但如果借錢時不夠謹慎，要回收就很困難了。聰明的放款人不會想冒險把錢借出去的，除非對方能提供保證還錢。」

他繼續說道，「幫助有困難的人是好事、幫助正處於命運低潮的人是好事、幫助正要起步奮發向上的人也是好事，但是必須要聰明地幫，不然就會像那位農夫的驢子一樣，想幫助別人，卻反而自找麻煩替別人擦屁股。

雖然似乎又離題了，不過羅丹，我的答案是：把那五十枚金幣留著，用這些錢來賺更多錢。你所賺到的都是你自己的，你沒有義務把錢交給其他人，除非你自己願意；如果你想藉由借錢給別人來賺更多錢，那務必處處謹慎考量。我不想存死錢，但我更不想冒險賠錢。」

46
致富祕訣

不要存死錢，更不要冒險賠錢——如果想藉由借錢給別人來賺更多錢，那務必處處謹慎考量、小心判斷，不要冒險借錢，除非對方能提供保證會準時還錢。

「你製矛維生幾年了？」梅森接著問。

「正好三年。」

「除了這次國王的餽贈之外，你總共還存了多少？」

「只有三枚金幣。」

「你每年辛勤地工作，賺下來的錢都不犒賞自己，而只是存下來——如此每年能存一枚金幣？」

「你說的沒錯。」

「也就是說，你得辛苦工作五十年過著克己的生活，才能存到五十枚金幣？」

「應該說要辛苦一輩子吧……」

「想想看，你得在鎔爐旁辛苦工作五十年才能賺到這麼多錢，你妹妹真的捨得冒險把這些錢拿去給丈夫做經商實驗嗎？」

「她應該不是這個意思。」

「那就告訴你妹妹：『這三年來，除了齋戒日以外，我每天從早到晚都很辛苦地工作，而且連想要的東西都捨不得花錢買，如此克己一年才能存下一枚金幣。妳是我親愛的妹妹，我也希望你的丈夫能夠有成功的事業，如果他能提出一套聰明的賺錢方法，並且也能說服我朋友梅森，我就樂意借給他我存了一整年的錢，讓他有成功的機會。』照這樣跟他說，如果他真能證明他有機會能成功，就會想辦法說服你；要是他沒辦法說服你他有還錢的一天，那他也沒機會欠你錢了。」

我除了做生意以外，還有額外的財產，所以我才會開錢莊，因為我希望把多餘的財力拿來幫其他人，而我也因此可以賺更多錢，但我並不想冒險賠掉我的錢，因為我的錢也是辛苦工作加上克己生活所賺來的。因此，若我認為對方不一定能還錢，或對方賺到錢可能不會準時還款，我絕對不會借他們錢。

我已經跟你說了一些關於這箱子的故事，你應該可以瞭解問題所在——有些人就是只知道要借錢，卻沒有明確的方法能還錢。由此可見，很多人常常錯認為自己只要手頭有資金就能夠賺大錢，但其實自己的能力或經驗根本就不足，這往往使得一切都變得只是空談罷了。

羅丹，你現在有這筆錢，應該拿來為自己賺更多的錢。你也能像我一樣經營借款生意，只要好好守護自己的財產，就會產生更多收入，未來也能有充沛的財源好享受愉悅的生活。但如果讓財富從手中溜走，在你有生之年都會感到無盡的悲傷與懊悔。

你最想拿手上這些錢來做什麼？」

47

致富祕訣

致富的另一大重點——守住掙到的錢。若有親朋好友向你借錢，要先想想會不會有賠上財產的風險。

「好好保管它們。」

「聰明，」梅森語帶認同，「你首先就想到要確保這些錢不會損失。想想如果你把錢留在妹婿的手上，你能保證不會被他賠掉嗎？」

「恐怕沒辦法，因為他對守財不是很有一套。」

「那就別因為責任感作祟，不明就裡地被情感所動搖，而把財產交給其他人。要是你想對家人或朋友伸出援手，就要找個不會冒險賠上財產的方法。別忘了要是不好好守護財富，它可是會偷偷溜掉的，這就好像在請別人幫你揮霍財產一樣。」

「確保財產安全之後的下一步呢？」

「當然是以錢滾錢。」

「依然是個聰明的答案。要運用財產來賺更多錢，只要能夠慎選借款對象，說不定在你年老之前財產就會倍增；相反的，要是你冒著賠錢的風險也要借人錢，也就是同時冒著賺不到更多錢的風險。

所以千萬別輕信不切實際的投資人士，說有什麼方法能賺取暴利，這都是由於不熟悉安全可靠的貿易法則，所編織出的虛無飄渺的夢幻空想。賺錢要保守一點才能擁有並享受財富，若聽信高利率的投資，無異是在召喚損失，通常最後都會賠得精光。」

48 致富祕訣

尋求有所成就的人或企業合作，別輕信不切實際的投資人士，妄想賺取暴利。投資賺錢要謹慎一點，才能有機會擁有並享受財富。

「尋求有所成就的人或者企業，與他們合作，你的財富就能在他們妥善的運用之下幫你賺錢，也能藉由他們的智慧與經驗守護自己的資產。如此你即可避免走上大多數人的失敗命運，而不會辜負眾神賜你財富的期望。」

正當羅丹要感謝他提供這麼多寶貴的意見時，他只是繼續說著，「國王的餽贈應該教了你很多智慧，要避免損失這五十枚金幣，你就必須處處謹慎。你會被許多花錢的機會所引誘，會聽到許多人的建言，也會遇到許多賺大錢的機會，但我那只箱子的故事會時時警惕著你，在讓錢離開荷包前，一定要保證這些錢能回到你的荷包裡。如果你需要更多的建議，隨時回來找我，我樂意之至。

在你離開之前，請讀讀我在箱蓋下方所刻的這句話，它對借款人與放款人都相當適用：

「寧可謹慎留心，不要後悔莫及！」

這樣做，才會有錢

1 想要錢的人比有錢人還多，希望輕鬆分享他人的財富也是人之常情，當你和別人共享財富時，要注意不要反過來傷到自己。

2 金錢的借貸，並非只是把手上的錢交給別人那麼簡單——若有人向你借錢，務必找一個不至於賠上自己財產的方法，以免好意幫助朋友，卻惹了一身麻煩。

3 隨隨便便借錢給別人，就好像請別人幫你揮霍財產。

4 借錢給人很容易，但要是不夠謹慎，要回收可就難了。想靠放款或借錢給別人來賺錢，一定要會看人：

①最好的選擇是借款人所提供抵押品的價值，遠超過他們想借貸的金額——因為就算他們沒辦法還錢，其抵押品也不至於讓你賠本。

②選擇有能力賺錢，而且腳踏實地不會亂花錢的人。

③請多方謹慎考量，確保對方是能夠準時還錢的人。

5 切勿胡亂借錢，還不了的債務是充滿悲哀和懊悔的無底洞。

6 並非手頭有資金就能賺大錢，投資也要謹慎一點——合作夥伴請選擇有一定成就的人或企業，別輕信不切實際的投資人士，妄想謀取暴利。

7

巴比倫的城牆

保險的重要

賽米拉米斯皇后一百多年前建造這些城牆，
就是為了保護你們的安全，
城牆從來沒有被攻破過！
快回去告訴大家，
巴比倫的城牆會保護他們，
不要害怕。

年長的班札爾曾經是個驍勇善戰的戰士，守衛在通往巴比倫古老城牆的通道上。城牆上英勇的戰士們正在激戰當中，誓死守護城牆，身上背負著巴比倫數十萬居民的未來。

城牆外傳來敵人軍隊的咆哮聲，士兵們的怒吼聲、萬馬奔騰的踏蹄聲，以及攻城槌撞擊青銅城門，所發出震耳欲聾的轟隆聲。

城門後方的街道上有一些持著槍矛的士兵，準備在城門被攻破的時候迎戰敵軍，以捍衛出入口，但是數量不算太多，因為巴比倫的主力軍隊現在正跟著國王一同遠征東方，征討埃蘭人（Elamites）去了。

誰都沒有預料到，在軍隊遠征的時候巴比倫會遭受到攻擊，以至於城內只有少數士兵防守。北方的亞述軍隊突如其來展開攻勢，如果城牆擋不住的話，巴比倫恐怕就要淪陷了。

大群民眾聚集在班札爾身邊，個個臉色蒼白，相當驚恐，他們都急著想知道目前的戰況如何。

大夥兒害怕得不敢出聲，靜靜地看著傷亡的士兵從通道不斷地被運進來、運出去，簡直像條川流不息的河水一樣。

這個地方是這場戰役的關鍵點，敵軍在繞城三天之後，冷不防地集中戰力攻擊這扇城門。

城牆上的守備軍不斷用弓箭射擊跟燃油澆淋敵軍的攻城梯，當敵軍爬上城牆，他們就用長矛給予痛擊。但是另一方面，敵軍數以千計的弓箭手，發射出如彈幕般的弓箭攻擊著他們。

年長的班札爾所在的位置能迅速獲悉戰況——因為距離戰場很近，每當瘋狂的敵軍被擊退時，他都能第一時間得知消息。

一位老商人擠向他，麻痺的雙手不停顫抖，哀求著說，「告訴我！請你告訴我！告訴我敵軍不會攻破城門，我的兒子都隨國王出征了，沒有人能保護我年老的妻子啊！敵人一定會掠奪我的貨物，也會掃空我所有的食物，我們已經老了沒辦法保護自己，也老到連當奴隸的力氣都沒有了，我們一定會餓死，會死的！告訴我，他們不會攻進來吧？」

「請冷靜下來，我們的好商人。」班札爾說，「巴比倫的城牆相當堅固，快回到市場裡，告訴你的妻子，城牆一定會保護你們和你們所有的財產，就像守護國王珍貴的財產一樣。記得不要離城牆太遠，否則會被飛進來的弓箭射中！」

當老人離開後，另一位懷裡抱著嬰兒的婦人擠了進來，「長官啊，上面的情況怎麼樣了啊？請坦白告訴我吧！我好讓我的丈夫可以放心，他現在正因傷勢嚴重發燒臥病在床，但還是堅持要穿上盔甲，用長矛保護我跟孩子，他說敵軍復仇的怨念太過強烈，不攻破城門誓不罷休。」

「這位母親，妳有一顆善良的心，我再次保證，巴比倫的城牆一定會守護妳和妳的孩子，我們的城牆又高又堅固，妳沒聽見我們守備軍從城牆上倒下熱油時，敵軍所發出的哀嚎聲嗎？」

「我的確有聽見，但我也聽見攻城槌撞擊城門的聲音啊！」

「回到丈夫身邊吧！告訴他城門很堅固，不會被攻城槌衝破，就算敵人爬上城牆，也只會受到長矛無情的款待，請妳小心並盡快躲在城牆後面。」

班札爾往旁邊讓出一條路，讓全副武裝的援軍通過，他們手上的青銅盾牌與沉重的踏步聲鏗鏘作響，等軍隊通過後，有個小女孩扯了扯他的腰帶。

「士兵叔叔，請告訴我好嗎？我們是不是很安全？」她這麼問，「我聽到好可怕的聲音，看到好多人在流血，我好害怕。我們的家人、媽媽、弟弟跟小嬰兒會不會怎麼樣呢？」

勇猛的老兵看著這名小女孩，眨了眨眼睛，抬了抬下巴。

「別害怕，小朋友，」他向她保證說，「巴比倫的城牆一定會保護妳跟媽媽、弟弟跟小嬰兒的。賽米拉米斯皇后一百多年前建造這些城牆，就是為了保護你們的安全啊！城牆從來沒有被攻破過！所以快回去告訴大家，巴比倫的城牆會保護他們，不要害怕。」

日復一日，班札爾始終堅守崗位，看著援軍通過走道，看著士兵一直戰到受傷或是死亡才退下陣來。

在他的身邊，大批驚恐的市民都聚集在此，迫切的想瞭解城牆是否依然穩固，而他也總是以老兵鎮定的態度告訴大家——「巴比倫的城牆會保護你們。」

49 致富祕訣

大家都希望生活可以獲得保障，保險、儲蓄或投資都是可提供生活保障的規劃選項。

敵軍的猛烈攻勢，不間斷地持續了三個星期又五天，班札爾的下顎緊閉，表情如同身後的走道一般嚴峻。

傷兵所流的鮮血染濕了道路，隨著士兵們不斷的上陣、下陣，鮮血滲入腳下的泥土攪雜成了泥流。敵軍每天都把陣亡的士兵屍體堆在牆邊，到了晚上再由同僚將屍體運回埋葬。在第四個星期的第五天晚上，城牆外依然持續傳來士兵喧囂的聲音。但隔天太陽升起曙光照亮了大地時，也照在敵軍撤退揚起的塵土上。

守備軍士兵傳來歡呼聲，大家都知道這代表什麼！城牆後方待戰的士兵也不斷傳出喝采聲，街道上的市民也歡欣鼓舞的一起加入呼應，好像一陣一陣的狂風將籠罩在巴比倫慘澹的氣息一掃而空。

居民紛紛跑出屋外，街上擠滿歡喜悸動的人，幾個星期以來的壓抑恐懼，在充滿喜悅的同時得以宣洩，貝爾神殿的高塔上也燃起勝利的火焰，青煙冉冉升空，將戰勝的訊息傳達到遠方。

50 致富祕訣

生活經濟的保障與規劃，愈早起步愈穩固。

巴比倫的城牆再次擊退了凶猛難纏的敵軍，也擊退他們想要掠奪財富並奴役市民的野心。巴比倫得以長久佇立於此，都是因為擁有完善的保護，若沒有穩固的城牆則後果不堪設想。

巴比倫的城牆，正是人們需要以及期望被守護的絕佳典範，這是所有人類內在的渴望，直至今日依然同樣強烈。不過，現在我們已發展出更廣泛也更好的方法，來達到同樣可以保護我們的目的。

現在，我們的保險、儲蓄存款以及可靠的投資，就像是城牆一樣的保護我們，就算意外突如其來的發生了，我們也有能力可以保護自己安然度過危急。

「不先建立保護自己的城牆，後果將不堪設想。」

這樣做，才有錢！

1 儲蓄、投資和保險不只是為了賺錢而做，也是為了以備不時之需，在意外發生或突然有迫切需求之時，才有能力保護自己安然度過危急。

2 就像賽米拉米斯皇后為了守護居民而建立的城牆，保護了百年後的巴比倫人民一樣，生活和經濟的保障，愈早開始愈好。

8

巴比倫的駱駝商人

還清債務就能贏回尊重

奇怪的事情發生了，
我曾經透過一片有顏色的石頭來看這個世界，
現在這片石頭突然消失了，
最後我看見了生命真正的價值。

當人愈是飢餓，心思就會愈清晰——對食物的氣味也會愈敏感。塔卡德是阿組瑞的兒子，他對這點深信不疑。這兩天他什麼都沒吃，只從別人園子的圍牆邊偷摘了兩顆無花果來塞牙縫，還沒摘到第三顆就被生氣的女鄰居發現。他一路被追趕到街上，在穿過市場的時候，她那刺耳的叫聲依然在耳邊回盪，似乎在提醒他最好要再訓練一下自己那不安分的手指，才有機會從那些市場女販的籃子裡，摸走誘人的水果而不被發現。

不過，還沒有機會來得及瞭解巴比倫市場的水果種類有多少，也還沒有聞到水果的香味時，他就已經遠離市場來到了旅店。他在餐廳前不斷來回踱步，想著或許可以在這裡遇到認識的人，說不定他們還可能借他幾枚銅幣，好讓不怎麼友善的旅店老闆再次對自己微笑，那可就幫了大忙呢！他知道要是自己身上沒錢，所有的人都不會給他好臉色。

正當他想得出神的同時，意外的與他最不想見到的人照面了，那就是達巴席爾。達巴席爾是一位修長、骨瘦如柴的駱駝商人，在所有的債主當中，他給他的感覺最不舒服，因為自己老是無法準時還他錢。

達巴席爾一看到他，眼神為之一亮，「哈！這不是塔卡德嗎？一個月前跟我借了兩枚銅幣，還說一定會還我，更早之前還跟我借了銀幣不是嗎？我正想找你呢！現在見面正是時候，我今天剛好要用到這些錢，怎麼樣啊，孩子？要還錢了嗎？」

塔卡德結結巴巴、神情激動得滿臉通紅，他現在肚子空空餓得要命，沒辦法跟向來直言不諱的達巴席爾爭辯，「我很抱歉，非常對不起，」他非常小聲地喃喃低語，「但今天我真的沒有錢還你，沒有銅幣也沒有銀幣。」

「那就去籌錢啊！」達巴席爾堅持地說，「你一定有辦法弄到一些銅幣跟銀幣來還錢的。我可是你父親的老朋友耶，還在你需要的時候這麼慷慨對你伸出援手。」

「那是因為命運捉弄我，才沒辦法還你錢。」

51 致富祕訣

不要把自己的軟弱歸咎於命運，如果你有想要還錢的決心，就一定找得到還錢的方法。

「命運的捉弄？你居然把自己的軟弱歸罪到眾神的身上！只會借錢而不會還錢的人，才會受到命運的捉弄。跟我來吧！孩子，我現在肚子很餓，等一下一邊用餐一邊說個故事給你聽。」

聽到達巴席爾令人有些不快卻又無可否認的直率回應，塔卡德有點退縮了，但至少對方是邀請自己走進夢寐以求的餐廳。

達巴席爾推著他走到餐廳角落，兩人單獨坐在小毛毯上。當餐廳老闆考斯寇面帶笑容地走過來，達巴席爾用一貫輕鬆的態度點菜，「沙漠中的肥蜥蜴，給我來支又焦又多汁的羊腿，還有麵包跟各種蔬菜。我餓壞了，想大吃一頓，也別忘了我這位朋友，給他來壺水吧，要涼一點的，今天天氣很熱。」

塔卡德頓時大失所望，他得在這兒一邊喝水一邊看著這個人大啃羊腿？但是他沒說話，也想不到自己能說什麼。

達巴席爾並不知道他的沉默代表什麼，只是面帶微笑，很和藹地跟其他認識的客人揮手。接著，他說了：

「我聽從烏爾法（Urfa）回來的旅人說，有個很富裕的人，擁有一片非常薄的石版，薄到甚至可以看穿那片石版，他把石版放在窗口擋雨水。旅人還說，這片石版是黃色的，石版的主人答應讓他透過石版看看，結果，眼前所見的景物都變得很奇怪，不太像是原本的樣貌。塔卡德，你認為呢？你能想像全世界的顏色都變不同了嗎？」

「還不就那樣。」年輕人回答，反倒是對達巴席爾面前肥美的羊腿比較有興趣。

「我曾經親眼看過，全世界都變成另外一種顏色，跟原本完全不同，而我現在要說的故事，就是我如何讓眼前所見的又恢復到原本的顏色。」

「達巴席爾要說故事耶……。」隔壁正在用餐的人小聲地說，並把毯子拉過來，餐廳裡其他在吃飯的人也都紛紛把餐點帶過來，圍成半圓形。大家的咀嚼聲不絕於耳，塔卡德眼前掠過一根根啃剩的肉骨，只有他自己沒得吃，達巴席爾並未與他分享餐點，也沒示意他去撿從盤子上掉到角落旁的麵包碎屑。

「我要說的故事，」達巴席爾開口說，隨即咬了一大口羊腿肉，「跟我年輕時的生涯有關，也是關於我如何成為駱駝商人的親身經歷。有人知道我曾經是敘利亞的奴隸嗎？」

達巴席爾滿意地聽著群眾議論紛紛的驚訝聲，他又咬了一口羊腿：

我年輕時，從我父親那裡學到貿易的方法，他是個馬鞍工匠，我在他的店裡幫忙，而且還娶了個老婆。

當時我還很年輕，也還不熟練做生意的技巧，所以只能賺一點點錢。因為這樣，我美麗的妻子得非常節制花費，我的薪水才會夠用。我想要的東西都買不起，雖然付不出錢，但當時商店老闆卻願意相信我而讓我賒帳、以後再還。由於當時年少無知又經驗不足，我並不瞭解入不敷出的行為，就像隨風散播、自我放縱的種子，最後收成的只有無盡的煩惱與羞辱。我成天幻想著精美華服，為妻子跟自己的家買了很多奢侈品，但其實我們沒有能力付得起這麼多錢。我總是認為只要之後盡力把欠款還清就好了，但卻很快就發現，要負擔生活支出又要還債，我賺的錢根本就不夠用！債主開始找上門來，要我還清之前奢侈購物的欠款，我的悲慘生活開始了：我向朋友們借錢卻無法還錢，情況愈來愈糟，就連妻子也離我而去，回到她父親那裡。我決定要離開巴比倫，看看有哪個城市可以讓年輕人有更好的發展機會。

我在商隊工作了兩年，不眠不休卻毫無成就。所以後來就加入了類似強盜集團的組織，專門找尋沙漠中手無寸鐵的商隊下手。這種行為簡直不配當我父親的兒子，不過那時候的我，的確就像是透過一片有顏色的石頭來看這個世界一樣，不瞭解自己已經墮落沈淪到何種程度了。

首次的出擊很成功，我們搶到很多黃金、絲綢還有昂貴的商品，然後把這些戰利品帶到吉尼爾去，沒多久就揮霍一空。

第二次就沒有這麼好運了！我們才正要大肆掠奪時，就被商隊雇來的當地長矛兵團攻擊。我們有兩名指揮官被殺，其餘的人則被帶到大馬士革去，衣服被剝個精光，還被賣去當奴隸。

我被一名敘利亞首領用兩枚銀幣買走，我的頭髮被剪掉，只在腰上掛一件破衣服，就跟其他的奴隸沒有什麼兩樣。當時我是個魯莽的小夥子，認為這一切只不過是冒險旅途的一部分，直到我的主人把我帶去給他那四個妻子為止——他告訴他的妻子們說可以把我閹了！

直到此時，我才真正瞭解自己的處境有多無助，這些沙漠暴徒既凶狠又好戰，我沒有武器，也沒有辦法逃離，只得乖乖臣服。

當那四個女人在打量我時，我只能恐懼地站在那裡，猜測她們有沒有可能會憐憫我一下。賽菈是她們之中年紀最大的，面無表情地看著我，讓我忍不住心灰意冷地轉過頭去。接下來是一位表情輕蔑的美女，她眼神高傲的凝視著我，好像我只不過是土裡的蟲子。另外兩個比較年輕的，則像是在看笑話一般地在一旁竊笑著。

我這一站就像是過了一年那般的漫長，每個人都在等其他人的決定。最後，賽菈用冷淡的語調開口說話了：「我們已經有很多閹人了，但是沒幾個照顧駱駝的工人，而且現在的那些駱駝工人都派不上用場。例如今天我要去看發燒的母親，卻對那些奴隸們沒有什麼信心，根本不想讓他們牽我的駱駝……問問這奴才會不會牽駱駝吧！」

主人隨後就問我，「你知道怎麼照顧駱駝嗎？」

我努力隱藏想負責照顧駱駝的渴望，開口回答說，「我會讓駱駝跪下，會幫牠們裝載貨物，也能讓駱駝長途跋涉不用休息，如果需要的話，我還會修理駱駝身上的裝備。」

「這奴才懂得夠多了，」主人這樣說，「賽菈，如果妳要的話，就讓他去照顧駱駝吧！」

當天我就被賽菈帶去幫她牽駱駝，載她長途跋涉去看她生病的母親。我找了個機會感謝她幫我說情，也告訴她我並非生來就是奴隸，我是自由民的兒子，我父親也是巴比倫可敬的馬鞍工匠……，我還說了很多我的故事。

但她的回答讓我當下感到有點困窘，後來我才仔細沉思她所說的話。

「你自己的軟弱造成這種下場，你怎麼還有臉說自己是自由民？如果某人的內心存在著奴性，不管出身如何都會變成奴隸，就像水會找到自己的水平一樣，不是嗎？如果某人的內心存在著自由民的性格，就算命運多舛也會得到城裡眾人的尊敬與榮譽，不是嗎？」

一年過去了，同樣身為奴隸的我也跟奴隸們一起生活了一整年，但我不想像他們一樣安於現狀。有天賽菈問我，「當其他奴隸都玩在一起時，你怎麼自己一個人呆坐在帳篷裡？」

我回答說，「我在思考妳之前跟我說過的話，我懷疑自己是否真的有奴性。我沒辦法加入他們，只好自己坐在這裡。」

「我跟你一樣，也只能孤零零地坐在這。」她向我吐露，「我的丈夫跟我結婚，是因為我的嫁妝相當可觀，但其實他並不需要我，每個女人都渴望有被別人需要的感覺，但因為我無法懷孕，沒有兒子也沒有女兒，所以必須一個人坐在這裡。如果我是男人，我寧死也不要當奴隸，但社會大眾卻把女人當作奴隸。」

「那你現在認為我的靈魂是什麼樣子？」我突然問她，「我的本性像個男子漢嗎？還是我比較像個奴隸？」

「你想還清在巴比倫欠下的債務嗎？」她迴避我的問題。

「當然，我當然想還債，但是我還不了。」

「要是你安於現況讓歲月流失，而不做任何努力，那你就只有卑劣的奴性；如果不是的話，每個人當然都能尊敬自己，但誰也無法尊敬逃避債務的自己。」

「可是身為敘利亞的奴隸，我又能做什麼？」

「那你就永遠在敘利亞當奴隸吧，懦夫。」

「我才不是懦夫！」我憤怒地反駁。

「那證明給我看啊！」

「怎麼證明？」

52 致富祕訣

你內心存在著奴性，不管出身如何都會變奴隸；如果你心裡只想著逃避債務，你就會被它追著跑。

「國王不都會用盡全力擊敗敵人嗎？債務就是你的敵人，是債務把你趕出了巴比倫，你愈不理它們，它們就會愈來愈強大；只要你像個男子漢與它們奮戰，就一定能征服它們而獲得其他居民的敬意。但是你卻沒有奮戰的決心，眼睜睜的看著榮耀離你遠去，到現在變成了敘利亞的奴隸。」

我深思著她那些刻薄的指責，也想了很多反駁之詞，希望能證明我不是個奴隸，但我沒什麼機會說出口。三天後，賽菈派女傭來帶我去見她。

「我母親又生了重病，」她說，「去準備兩匹最快的駱駝，綁好水袋跟鞍袋，又要長途跋涉了，女傭會給你準備一些廚房裡的食物帶上路。」

我一邊準備駱駝上的行囊，一邊懷疑地想，到目的地頂多只需要一天的時間，賽菈會吩咐女傭帶多少食物呢？女傭的駱駝跟在後方，我則領著賽菈的駱駝走在前面。

我們抵達賽菈母親住所時已經天黑，賽菈讓女傭下去休息，然後問我：「達巴席爾，你的本性到底是自由之身還是奴隸？」

「當然是自由之身。」我相當堅持。

「那現在就是你證明自己的機會，你的主人今天喝多了，他的守衛現在也不醒人事，你就趁機帶著這些駱駝逃走吧！這個袋子裡面有你主人的衣服，你可以用來偽裝自己，我會告訴他，你趁我探望母親的時候偷走駱駝逃跑了。」

「妳的本性就像是皇后一樣崇高，」我對她說，「真希望我也能帶妳找到幸福。」

她回答我，「為人之妻逃亡到遙遠的陌生城市，是不會有幸福可言的。走你自己的路吧！雖然這趟遙遠的路程可能會沒有食物、沒有水，還是願沙漠的眾神保佑你。」

我不再要求什麼，只對她表達了誠摯的謝意後，就隻身走入黑夜之中。我對這座陌生城市一無所知，只對巴比倫的方向有個模糊的概念，於是試圖往山丘的方向橫越這片沙漠。

我騎著一匹駱駝，後面帶著另外一匹，從晚上一直走到白天都不敢停歇，因為我知道，身為奴隸還偷了主人的財物試圖逃跑，被抓到的話，將會有多麼恐怖的命運等著我。

傍晚，我到了一座荒涼的城市，就跟沙漠一樣根本無法住人，銳利的岩石讓我信賴的駱駝擦傷了腳，沒多久，駱駝的速度就慢了下來，拖著受傷的腳痛苦地往前邁進。別說人了，我連隻野獸都沒看到，終於瞭解為何所有生命，都不願待在這塊不毛之地。

沒幾個人能在這種旅程中存活下來——每天都拖著沉重的腳步，食物跟水都沒了，豔陽的高溫是如此的殘酷無情。在第九天夜裡，我從駱駝背上跌了下來，覺得自已已經虛弱到無法再爬上去，大概會死在這裡了，永遠消失在這座被遺棄的城市裡。

伸展一下疲累的身軀，我就這樣在地上睡著，直到天亮才醒來。

我坐起來，看了看周圍，早晨的空氣略帶涼意，駱駝也看似情緒低落地躺在不遠處。四周是一片殘破的城市廢墟，充滿岩石、沙子和荊棘，沒有水，也沒有食物，連駱駝也沒得吃。

這就是生命盡頭所得到的寧靜嗎？

我的心思從來沒有這麼清晰過，身體似乎已不再重要。我的嘴唇乾裂到滲出血來，舌頭又乾又腫；我的胃早就餓扁了；前幾天身體感受到的劇烈痛楚，現在也幾乎已經失去感覺。

我望向遠方，再次體會這令人反感的遙遠距離，心中又一次浮現同樣的問題，「我的本性到底是奴隸還是自由之身？」但我隨即清楚地找到答案，如果我的本性就是個奴隸，那我早就已經放棄掙扎，躺平在沙漠裡死去了，逃亡的奴隸還蠻適合這樣的結局。但要是我的本性就是自由之身，然後呢？我一定會堅持回到巴比倫，賺錢還給那些曾經相信過我的人，讓深愛過我的妻子幸福，也讓我父母的心情能夠獲得平靜與滿足。

賽菈曾經說過，「債務就是你的敵人，是債務把你趕出了巴比倫。」她說的對，我為什麼不像個男子漢堅守陣地？我怎麼會讓自己的妻子逃回她父親身邊？

接著奇怪的事情發生了，我曾經透過一片有顏色的石頭來看這個世界，現在這片石頭突然消失了，最後我看見了生命真正的價值。

死在沙漠裡！不可能！我已經用全新的眼光，看見所有我必須做的事。首先，我要回到巴比倫去面對我所有的債主，向他們表示自己經過多年的迷惘與不幸後，現在願意回到此處，在眾神所應允的期限內盡快將債務還清。之後我要重新建立全新的家庭，將妻子接回來，並成為讓父母值得驕傲的好兒子。

雖然債務是我的敵人，但讓我賒款的人都是我的朋友，因為大家都願意相信我。

53 致富祕訣

賒款借貸的行為是建立在借貸雙方的信任上，所以有借一定要有還。

我的腳步很虛弱，但飢餓又如何？口渴又如何？這只不過是我回到巴比倫路上的插曲罷了。我內心渴望自由之身的熱情澎湃洶湧，下定決心一定要回去征服自己的敵人，讓朋友們得到回報。我真的很興奮，因為我終於找到解答了！

駱駝聽到我嘶啞的聲音，就如同收到新的指令，呆滯的雙眼為之一亮，也費了一番功夫站起來。牠似乎聽到我內心的呼喊，「我們一定要找到巴比倫！」所以也相當堅忍不拔地拖著腳步向北方前進。

我們找到了水源！找到了一座蓋在沃土上的城市，到處都長滿了綠草與水果，也找到了通往巴比倫的路，這都是因為自由之身的本性，它會正視生命中遇到的問題並努力克服，而奴隸則只會不停地哀鳴著：「我只是個奴隸，我哪有辦法？」

說完自己的故事後，達巴席爾問道：「塔卡德，你呢？肚子這麼餓，是否也讓你的頭腦更為清晰？你是否準備好要重新找回自己的自尊？現在，你能看見世界真正的顏色了嗎？無論你到底欠了多少錢，你是否也開始想把所有的債務還清，重新贏得巴比倫人對你的尊敬呢？」

小夥子的眼框變得濕潤，他很快的站了起來。「你給了我全新的視野，我已經感覺到自由之身的本性在體內洶湧澎湃著。」

「那你回來之後怎麼做呢？」一旁的聽眾很有興趣地問道。

「只要有了決心，就一定會找到路。」達巴席爾回答，「我已經下定決心了，接著就是要找到通往目標的路。我先去見所有的債主，懇求他們暫時寬容，等我賺了錢就一定會還。大部分的人都很樂意答應我，有些人則把我痛罵了一頓，也有些人願意幫助我，其中一個就是開錢莊的梅森。他知道我曾經在敘利亞照顧駱駝，就介紹我去找駱駝商人尼貝托，尼貝托剛剛受到國王委託，準備遠征去買一群精良的駱駝，而我對駱駝的知識此時正好派上用場。漸漸地，我有能力慢慢把所有的債務都還清，最後我終於可以抬頭挺胸了！我已經成為傑出的人了！」

達巴席爾再次看著面前的食物大叫說，「考斯寇，你是蝸牛啊！」他的音量大到連廚房的人都聽得見，「菜都冷了，再給我來點剛出爐的肉，也給塔卡德來頓好的，他是我老朋友的兒子，肚子也很餓，我們要一起吃。」

這就是巴比倫的駱駝商人——達巴席爾的故事，他終於找到自己的本性，這都是因為瞭解了一項真理，而早在他出生以前，就有一位智者運用過這項真理了。

這項真理曾幫助過許多男女老少解決問題，並且讓他們邁向成功，往後也會持續幫助後人脫離困境，前提是要有足夠的智慧瞭解其中神奇的力量，給讀了這句話的人之後好好運用它吧！

「只要有了決心，就一定會找到路！」

這樣做，才有錢！

1 有借有還，再借不難——因為賒帳借貸的行為，是建立在借貸雙方彼此的信任上，別讓信任你的人對你失望。

2 只要有決心和目標，就一定會找到實現的道路，還債也是一樣的！

3 不要找藉口和理由，不要怪罪他人或命運，重點是，你到底有沒有決心想還清債務。

4 還清了債務，你才能抬頭挺胸，贏回他人的尊敬。

9 巴比倫石版上的故事

領死薪水也能輕鬆還債、賺大錢

教授，您最近在巴比倫遺跡
所挖掘的五塊石版，
已經與您寫的信一同送達，
我深深著迷於石版上的內容……

聖史威遜學院
諾丁罕大學
特倫特河畔紐瓦克
諾丁罕

法蘭克林考威爾教授
由英國科學探險隊轉交
西拉，美索不達米亞

親愛的教授：

您最近於巴比倫遺跡所挖掘的五塊石版，已經與您寫的信一同送達，我深深著迷於石版上的內容，所以也很開心的花了好多時間將雕刻在上面的文字翻譯出來。其實早該回信給您了，但我還是等到翻譯工作完成後，才一併回覆給您。

石塊送達時幾乎完好無缺，感謝您如此細心的保存以及包裝。

您一定對石版上記載的故事大吃一驚，就像我們在實驗室內的反應一樣。看到石版的人一定會期待，石版是否能透露一些古老年代中世紀騎士的傳奇，或是什麼冒險故事，就像是「天方夜譚」之類的。不過石版其實是闡述古代一位名叫達巴席爾的人，如何償還債務的故事。我想大家應該都能接受，即使是在五千年前，應該也會有這種問題存在吧！

很奇怪的是，這些古老雕刻讓我感覺有點「不爽」，學生們也是這麼認為。我身為一位大學教授，應該已經算是不斷在琢磨世間有用的知識的人，但這些從塵土覆蓋的巴比倫遺跡中出土的老石塊，居然記載了我八輩子都沒聽過的方法——可以在還債的同時還能順便賺錢。

其實，看到這種想法是很令人開心的，我也很有興趣驗證看看，古代巴比倫的作法在現代是否也同樣管用。我們夫妻正計畫要怎麼運用這位先人的方法，來改善我們的財務問題。

我在此誠摯祝福您，事業蒸蒸日上，希望下次還有機會合作。

考古學系　艾佛瑞・H・舒柏利敬上，一九三四年十月二十一日

石版一

時時刻刻維持荷包飽滿，就是對家庭與國家負責，也讓自己有成就

今天是滿月之夜，我，達巴席爾，剛結束在敘利亞的奴隸生活回到這裡，下定決心要還清所有的債務，並在故鄉巴比倫成為值得尊敬的人，而在石版上刻字記事的目的，是要引導並幫助自己完成這項目標。

經營錢莊的好友梅森提供我很棒的建議，我也決定採用他的計畫，賺取財富擺脫負債，重新找回自尊，成為光榮的人。

實行這份計畫能讓我達成渴望的三個目標。

第一，我得確保未來能夠財力興旺。

我必須把收入的十分之一存起來，因為梅森認為：「荷包裡的存款愈多，不僅代表對家庭愈有保障，也是對君王忠誠的表現；荷包裡的存款愈少，不僅代表對家庭愈為冷淡，也是對君王疏離的表現；荷包裡的存款空空如也，不但代表對家庭尖酸刻薄，更是背棄君王的表現——因為這樣的人，個性一定相當冷酷無情。所以若想要有所成就，就必須要保有儲蓄，時時刻刻保持荷包飽滿，才是愛護家庭並對君王忠心的表現。」

第二，我必須將妻子從她父親家中接回來，並提供足夠的花費與衣裳。

梅森表示，細心呵護對自己忠貞不二的好妻子，是男人尋回自尊的表現，更能獲得另一股支持自己達成理想的決心與助力。故我得將收入的十分之七，用在家庭支出及讓家人獲得溫飽，且還有額外的花費預算可用，畢竟生活中還是需要有樂趣與享受。但他特別叮嚀，這些必要花費不可超過收入的十分之七，因為這是達到理想的關鍵。

54 致富祕訣

負債期間最理想的收支規劃：收入的十分之七是生活必要花費但絕對不可以超過；另外的十分之二拿來還債；十分之一當儲蓄——這是確保自己還債的同時還能順便賺錢的方法。

我的生活支出必須按照此比例，不可超出此預算，也不能再多出不必要的花費。

石版二

負債期間，收入的十分之七是生活必要花費，十分之二拿來還債，十分之一當儲蓄

第三，我得將所有的負債還清。

每當滿月時，我就得拿出收入的十分之二，按照比例分配給所有曾經信任我卻被我欠債不還的人，如此堅持到最後，債務一定可以還清。為此，我將所有的債主名字刻了下來，並分別記載我欠了他們多少錢。

法魯，織衣工人，二銀六銅。

辛亞爾，製長沙發工匠，一銀。

阿馬爾，好友，三銀一銅。

贊卡爾，好友，四銀七銅。

阿斯卡米爾，好友，一銀三銅。

哈林西爾，珠寶匠，六銀二銅。

迪亞貝克，父親好友，四銀一銅

阿卡哈德，屋主，十四銀。

梅森，錢莊老闆，九銀。

比瑞吉，農夫，一銀七銅。

（此石版自此以下已碎裂，無法辨識內容。）

55

致富祕訣

如果有債務，每個月選一個固定的日子，拿出收入的十分之二，按照比例分配還給所有被自己欠債的人，如此堅持到最後，債務一定可以還清。

石版三

持之以恆，每個月一定都要按照比例歸還所有的債務額度

我總共積欠了這些人一百一十九枚銀幣，外加一百四十一枚銅幣。

由於當初欠下這麼多錢，又沒辦法還清，所以我做了很愚蠢的決定，不但讓妻子回到她父親身邊，我還離開了故鄉。我想尋找簡單的賺錢方法，但卻只找到了一場災難，還讓自己淪落為奴隸。

如今梅森指引我該如何從收入中分配一小部分來還債，我也瞭解到當初都是由於自己奢侈無度，才會造成自己得如此愚蠢地逃離故鄉的局面。於是我重新拜訪了所有的債主，向他們解釋我現在身上沒錢，只得靠自己的努力來賺錢，並且會老實地從收入當中，固定拿出十分之二來還債，這就是我所能還錢的額度，只要他們有耐心等待，我一定會盡快把所有的欠債都還清。

阿馬爾是我最好的朋友，他把我痛罵一頓後，讓我帶著羞辱離開他家。那位農夫比瑞吉，希望我能先還他錢，因為他最近手頭吃緊需要協助。阿卡哈德，也就是我的屋主，對我的提議相當不以為然，警告我要是不快點還錢，他就要找我的麻煩。

除此之外，其他人都願意接受我的提議，所以我也更有決心可以成功，也相信比避不見面更好的解決方法——就是老實還債。

雖然有些人的意見我真的無法滿足，但是我還是會相當平均地分配所有金錢給債主們。

石版四

只要按照計畫，固定將每月收入的十分之一拿來還債，債主就會對你有信心，你還能每月儲蓄收入的十分之一

又到了滿月之夜，這段日子我都拋開煩惱努力工作，我的好妻子也支持我努力還清債務。由於我們堅定的決心，這一個月來，我成功的為尼貝托買了一些四肢健壯的駱駝，因此賺了十九枚銀幣。

我根據還款計畫將這筆錢分配好，把十分之一存下來，十分之七拿來與妻子共同花用以維持家計，十分之二則換成銅幣，平均分配給所有的債主。

我沒見到阿馬爾，所以把錢交給了他的妻子；比瑞吉高興到親吻我的手；年老的阿卡哈德則是不停抱怨，要我快點把錢還清，我也答應他，只要我的收入提高並且不用為吃穿發愁，我就會盡快還他錢的。其他人則都對我表達謝意，而且也非常讚賞我的努力。

如此一來，每過一個月，我的債務就可減少總共四枚銀幣，我還可以另外存下兩枚銀幣，因為這是我要固定存下的收入，比起以前那段漫長的歲月，現在我的心情一天比一天還要輕鬆。

下一個滿月到來了，但這個月我雖然勞苦工作，成果卻不甚豐碩。我才買到幾匹駱駝，因此只賺了十一枚銀幣；儘管這個月不能買新衣服，也沒能吃什麼好料，僅能找些野菜來果腹，但我的好妻子還是願意陪我一起堅持。

我還是把十分之一的收入存下來、十分之七用在生活花費上。不過，我倒是相當訝異地發現了一件事，雖然我只還了阿馬爾一點點錢，他還是對我表示贊賞；比瑞吉也是一樣；阿卡哈德則對此相當不滿，但當我說不接受就把錢還我的時候，他就沒多說什麼了；其他人則和往常一樣很滿意。再到下一個滿月，這次我就相當開心，因為這個月我攔下了一批駱駝，還買到很多品質優良的駱駝，所以我足足賺了四十二枚銀幣。這個月我跟妻子買了家中需要的涼鞋和新衣裳，還買了一些美味的雞鴨魚肉來打打牙祭。

這次我總共還了八枚銀幣給債主們，就連阿卡哈德都沒有抗議錢太少。

這份計畫很棒的地方，就在於它不但讓我可以走出負債的困境，還能夠有餘力存到錢。

上次在這塊石版上刻字已經是三個月前的事了，每個月我都依然存下收入的十分之一。縱使有時候收入比較少，日子過得比較苦，我們還是只用收入的十分之七當作生活費，當然，也固定用十分之二的收入來還債。

我的荷包裡現在共有二十一枚銀幣，這些銀幣都是屬於我自己的財產，讓我可以在朋友面前抬頭挺胸、走路有風；妻子把家庭照料得很好，也穿得起合宜的禮服。我們現在的生活很快樂。

這份計畫的價值是無法用言語來形容的，它真的讓曾經身為奴隸的人變得有尊嚴了，不是嗎？

石版五

還清了債務，你就會脫胎換骨，成為一個值得被尊重的人

今天又是滿月，我記得距離上次刻石版已經過了很久，實際上已經過了整整十二個月。我今天絕不會忘記要刻石版紀念，因為今天我把所有的債務都還清了！滿懷感恩的我，還跟妻子享用了豐富的盛宴，慶祝我們終於達成目標。

在我最後一次拜訪債主時，發生了很多事，我永遠都不會忘記。阿馬爾請我原諒他之前對我說的一些刻薄話，也說我是他最想要結交的好朋友。

老阿卡哈德也不是真的那麼壞心，他說：「你曾經像團軟泥般柔弱，大家都可以用手來擠壓你，讓你變形；但如今你就像一塊青銅般又硬又堅強。如果下次你還需要借錢，隨時都可以來找我。」

他並不是唯一對我變得尊重的人，許多人對我說話的語氣也開始謙恭了起來。我的好妻子看著我時，眼神中所流露出的光芒，足以讓一個男人充滿自信。

這份理財計畫讓我成功了，不但可以還清所有債務，還能讓荷包裡的財富日益增多，我希望能將此推薦給所有想獲得成功的人，曾經是奴隸的人都能藉此成功，還有

誰沒有能力找到獨立自主的方法呢？我不會就此中斷這份理財計畫，因為我相信，只要持續下去，我一定會成為富有的人。

聖史威遜學院
諾丁罕大學
特倫特河畔紐瓦克
諾丁罕

法蘭克林考威爾教授
由英國科學探險隊轉交
西拉，美索不達米亞

親愛的教授：

若您在開挖巴比倫古城時，遇見古代居民的靈魂，也就是老駱駝商人達巴席爾的話，請幫我一個忙。請告訴他，由於他好久以前所刻的這些石版，在現代的英國大學裡，有一對夫婦想向他致上畢生的敬意。

您可能記得，我在一年前寫給您的信中提到，我跟太太想試試達巴席爾的理財計畫，是否真能在還清債務的同時還能賺錢。雖然我們對周遭朋友極力隱瞞債務的事，但您或許可以想像，我們當時的處境有多困苦。

我們多年來都因為債務問題而感到丟臉，也深怕哪天會有哪個商人舉發醜聞，進而迫使我離開校園。我們不斷還債——幾乎把所有收入都搾光了——卻還是不足以收支平衡。除此之外，我們也不得不到可以賒帳的地方購物，就算價格貴了點也沒辦法。

如此已經變成惡性循環，情況只會愈來愈糟，儘管我們奮力掙扎，希望還是愈來愈渺茫。我們沒辦法搬到更便宜的房子，因為我們還欠房東一筆房租。我們已經找不到任何方法來改善現況！

但之後就遇見了這位老朋友，也就是巴比倫的老駱駝商人，提供了這麼一份我們需要的理財計畫，他如此熱心督促我們採納他的方法，我們也如法炮製，列出所有的債務清單，並把清單讓所有的債主過目。

我向債主解釋，照原本的情況我根本沒辦法把錢還清，他們看到這些數字也很容易瞭解問題所在，接著我向他們說明，唯一能把債務還清的方法，就是每個月提撥收入的百分之二十，按照比例償還給所有的債主，大約兩年多就能把債務還清了。同時我們也會改用現金來購物，以及用現金來還債主錢，如此對他們也比較有利。

事實上，我的債主們都相當寬容，像是我們的菜販，這位老先生也願意對我們伸出援手，還說：「如果你們每次買菜都能把錢付清，還能順便還些之前所欠的錢，總比這三年什麼都付不出來還要好。」

最後，我請他們在同意書上簽名，保證在我們定期付出百分之二十還債的情形下，不會再額外來討債，干擾我們的生活。之後我們就開始計畫，要如何用百分之七十的收入維持生活開銷，我們也決定要把剩下的百分之十存下來，畢竟積少成多的想法的確很誘人。

要做出這些改變，就好像是在冒險一樣，我們都很享受這趟冒險旅程。我們發現，就算只用百分之七十的收入來生活，其實也可以過得很舒適。我們先把房租算進去，減去這筆必要的開銷，接著要加上我們最愛喝的茶葉費用，原本我們還有點懷疑，後來卻都感到很驚訝，原來就算生活花費減少了，還是能夠維持一定的生活品質。

礙於信件的篇幅，沒辦法巨細靡遺地把故事說完，但這方法真的不難，我們也很開心能採行這個方法，真是讓我們得以解脫，不用再受到過去的債務所困擾了。

不過還有個部分我一定要提，就是關於我們那百分之十的存款。我們的確已經享受存款樂趣好一陣子了。還請您別笑我們，現在存錢已經變成一場比賽了，真的很有趣！把不必要花的錢都存起來，看著存款愈來愈多的感覺，比花錢還要更令人開心。

在心滿意足地存了一段時間後，我們找到更有利的作法，就是每個月固定用這百分之十的收入來投資，這真是我們新生活中最令人滿意的部分了，也是我第一次用自己的錢來支付投資的費用。

56 致富祕訣

如果找到可靠的方法，把握機會把收入的十分之一，用來投資錢滾錢吧！若擔心風險，可以只取部分儲蓄做投資即可。

得知我們的投資正在穩定成長，是讓我們最有安全感的事情之一。只要能持續下去，到我的教學生涯結束後，應該會有一筆不小的收入，足夠讓我們安心度過下半輩子。

我回過頭來重新審視這一切，雖然很難以置信，但卻很真實。我們正逐漸還清負債，同時我們的投資也在穩定成長，財務狀況比之前好多了。遵循理財計畫跟獨自隨波逐流，這兩者的結果竟然會有這麼大的差異，任誰都無法置信！

明年年底，我們就會還清所有債務，到時候我們會將更多錢拿來投資，也計畫要用一部分的錢來旅遊。

我們已經下定決心，不會讓生活花費超過收入的百分之七十，現在您應該能瞭解，為何我們想向這位老朋友致上謝意了，因為他的理財計畫將我們從「地底深淵」救了出來。

他一定瞭解，因為他也經歷過這一切，所以也希望自己痛苦的經驗能幫助其他人，這也是為什麼他願意花這麼多時間，枯燥乏味地把這些訊息刻在石版上，留給同樣正在受苦的人。

這些訊息就像是真理一般——從埋葬的那一天起，到因為巴比倫的廢墟出土而終於被發現，即使經過了五千年的歲月，這些道理卻依然亙古至今，恆久不變！

考古學系　艾佛瑞·H·舒柏利敬上，一九三六年十一月七日

這樣做，才有錢！

還債四部曲，持之以恆，還清債務的同時還能賺大錢：

1 找到可以營生賺錢的工作，讓自己有本錢生活和還債。

2 將收入的十分之一存下來或投資。

3 將收入的十分之七做為生活必要的花費。

4 每個月選一個固定的日子，將收入的十分之二拿來還債。

10

巴比倫最幸運的人

工作是致富之首

梅格多挑剔地說，
看看這些懶鬼，
拿犁的傢伙根本沒用力，
哪能耕得深？
哪能種出好作物？

沙魯．納達是巴比倫的富商巨賈，相當自負地騎在他的商隊前頭。他喜愛精美的衣物，身上也穿著亮眼的長袍；他也很愛品種優良的動物，跨下正輕鬆地騎著生氣勃勃的阿拉伯種馬。若從外觀看來，實在很難想像他在過去的歲月中，曾經遭逢嚴重的困境。

從大馬士革出發、返回巴比倫的路途，是段既漫長又艱苦的沙漠之旅，但他並不在意。儘管阿拉伯民族相當強悍，時常搶劫富有的商隊，他也不擔心，因為身邊有眾多的騎兵護衛，足以保護商隊。但騎在他身邊、從大馬士革跟著他回來的小夥子，卻讓他感到有點心煩，小夥子名叫哈丹．古拉，是他從前的夥伴阿瑞．古拉的孫子。

由於阿瑞．古拉過去對自己有一份恩情，他當時無以回報，所以現在想要為夥伴的孫子做些什麼。只是，每當他愈是這麼想，似乎就愈難以回報，都是因為這個小夥子的關係。

他看著這個小夥子身上的戒指跟耳環，心裡嘀咕著，「他好像認為珠寶是給男人戴的！可是他的臉龐卻又像他祖父一樣那麼的堅毅，差只差在他祖父不會像他這樣，身穿如此華麗到俗氣的長袍。不過，我還是邀請他與我同行，希望能藉此幫他一點忙，好讓他擺脫他父親留下來的爛攤子。」

哈丹．古拉突然開口打斷了他的思緒，「你為什麼總是帶著商隊長途跋涉，一直這麼努力工作？你都不找點時間來享受生活嗎？」

沙魯．納達聽了，笑了一笑。「享受生活？」他重複說了這句話，「如果你是沙魯．納達，你會怎麼享受生活？」

「若我像你這麼有錢，我會過著王子般的尊貴生活，才不會騎著駱駝橫越熱死人的沙漠；我會賺得很快也花得很快；我會穿著最奢華的長袍，戴著最珍貴的珠寶——這才是我喜歡的生活，這才是值得我過的生活！」說到這裡，兩個人都笑了。

「你的祖父並不會戴珠寶呢！」沙魯．納達不加思索的說，接著又打趣道，「你都不留點時間工作嗎？」

「只有奴隸才要工作。」哈丹．古拉回答。

沙魯．納達緊閉雙唇，並沒有再說什麼，只是靜靜地騎著駱駝，直到走上一條斜坡。他勒住坐騎停了下來，指向遠方充滿綠意的溪谷說，「你看，那邊有座溪谷，沿著溪谷望過去就能看見巴比倫的城牆，那座高塔就是貝爾神殿。如果你眼睛夠利的話，還能看到塔頂上永恆聖火所冒出的煙。」

「那就是巴比倫嗎？我一直都很想看看世界上最富裕的城市長什麼樣子。」哈丹．古拉回道，「巴比倫，是我祖父開始建立財富的地方，如果他還活著，我們就不會被逼得這麼痛苦了。」

「為什麼你會希望他在壽終正寢後，靈魂還繼續在這個世界上徘徊呢？你跟你的父親應該能夠延續他的豐功偉業啊！」

「唉！我跟我的父親都不像祖父那麼有天分，我們都不懂得他賺錢的祕訣。」

沙魯．納達沒有回答，只是甩了甩韁繩，若有所思地往溪谷方向騎去，商隊跟著滾滾紅沙，騎在他們身後。過了一會兒，他們騎上了「國王公路」，轉向南方前進，經過剛剛灌溉完成的農田。

三名正在耕田的老人，吸引了沙魯．納達的注意，他覺得自己似乎對這些人有股莫名的熟悉感。

這實在是太荒謬了！上次到這個地方來已經是四十年前的事了，但現在他卻看到同一批人在耕田。雖然這一切看起來是那麼不可思議，不過內心就是有一個聲音告訴他，還是同樣這些人！其中一個人握不緊手上的犁，另外兩個人則吃力地走在牛隻旁，用從木桶拆下的木板抽打牛隻，要牠們犁田，但卻起不了什麼作用。

四十年前他還很羨慕這些人，認為如果可以交換身分的話該有多好！但現在不同了，他非常驕傲地回頭看自己的商隊，有品種優良的駱駝跟驢子，載著大馬士革運來的高價貨物，而這些只不過是他財產的一小部分而已。

他指著那位犁田的人說，「跟四十年前一樣，還在犁同一塊田。」

「你怎麼會覺得他們是同一批人？」

「我曾經在這裡見過他們，」沙魯．納達回答，回憶很快地湧上心頭，為什麼他沒辦法忘掉過去，專注地活在當下呢？他看見阿瑞．古拉微笑的臉，就像畫一般地浮現，此時，他和身旁挖苦自己的小夥子之間的那層隔閡瓦解了。

不過，他要怎麼幫助這個自我感覺優越，老是想著揮霍無度，手上還戴著珠寶的小夥子呢？

他可以提供機會給想要工作的人，但可不能給那些認為工作會弄髒雙手的人。雖然他欠了阿瑞．古拉一份恩情，一定要為好友做些什麼，但繼續這麼半調子下去可不行——他和阿瑞．古拉絕不做半調子的事情，這不是他們的作風。

57

致富祕訣

一份正當的工作就是生財的工具，不要怕它會弄髒了你的雙手。

忽然，他的心中閃過一個想法，不過馬上就又浮現了相反的念頭，因為他得要考慮到自己的家庭與立場，這或許會很殘酷，也可能會很受傷。但他一直是個果斷的人，所以他抹去那些相反的念頭，決定要立刻行動。

「你有沒有興趣聽聽，你祖父跟我是怎麼開始合夥賺錢的呢？」他問道。

「你為什麼不乾脆告訴我，要如何賺到黃澄澄的錫克爾？」小夥子並沒有直接回答他的問題。

沙魯．納達沒把他的回答當一回事，繼續說道，「我們就從那些耕田的人開始說起吧！那時候我的年紀跟你差不多，當時我們幾個人一起來到此地，我們之中一位年老的農夫——梅格多，嘲笑這些人耕田的方式太過草率。梅格多那時跟我鍊在一起，他挑剔地說，『看看這些懶鬼，拿犁的那個傢伙根本沒有用力，哪能耕得深啊？趕牛的人也沒讓牛走在犁溝上！連田地都沒耕好，他們還想要種出好作物？』」

「你剛剛說梅格多跟你鍊在一起？」哈丹．古拉很訝異地問。

「對啊，我們脖子上都戴著青銅頸圈，彼此用又重又長的鐵鍊栓在一起，鍊在他旁邊的是札巴多，是個偷羊賊，我們之前在哈朗恩（Harroun）就認識了。被鍊在最後的那個，我們都叫他海盜，因為他都不告訴我們他的名字，但他的胸前有毒蛇刺青，當時的水手們很流行這一套，所以我們都認為他也是個水手。我們就這樣四個人為一個小組，一起行動。」

「你們被鍊在一起，就像是奴隸一樣嗎？」哈丹．古拉不敢相信地問。

「你的祖父沒告訴你，我以前曾經是個奴隸嗎？」

「他常常談到你，但從沒提過這件事。」

「他的確很能保守祕密，你也是吧！我應該能相信你，對吧？」沙魯．納達直視著他。

「我會守口如瓶的，不過我真的很驚訝。告訴我，你是怎麼變成奴隸的？」

沙魯．納達聳聳肩說：「任何人都可能變成奴隸，我是被賭場跟啤酒所害，才會碰到這場災難。當時我哥哥的輕率行事讓我成了受害者，他跟朋友打架，失手把朋友殺死，讓朋友的妻子變成寡婦，因此我被當成抵押品，來換取哥哥不被法律制裁，可是父親後來籌不到錢把我贖回去，最後寡婦憤而把我賣給奴隸販子。」

「這可真是奇恥大辱，太不公平了吧！」哈丹．古拉為我叫屈，「那後來你又是怎樣重獲自由的？」

「待會就會告訴你，先繼續聽我剛才說的故事吧！」

當我們經過這片田地時，那些耕田的人嘲笑我們，其中一人摘下他的破爛帽子，對我們深深鞠躬，大聲說：「國王的貴客，歡迎來到巴比倫，國王已經在城牆上擺好了筵席，有泥磚跟洋蔥濃湯喔！」說完，他們都哈哈大笑了起來。

海盜這時被激怒了，凶狠地咒罵他們，我問他：「他們說國王在城牆上等我們，是什麼意思？」

「大概是要我們一直挑磚頭，挑到背斷了為止吧，說不定還可能在你背斷了之前，就把你打死。他們可打不了我，我會殺了他們。」

接著梅格多說話了，「我不認為主人會把認真的奴隸給打死，主人應該不會虧待認真工作的奴隸。」

「誰要認真工作啊？」札巴多這麼說，「那些耕田的傢伙很聰明，他們才不會因為工作把自己的背給弄斷，頂多只是混水摸魚偷懶而已。」

「偷懶是不會進步的。」梅格多反駁，「如果你老老實實耕了一公頃的田地，主人會知道你工作認真，要是你只耕了半公頃，主人就會知道你在偷懶；我從不偷懶的，我喜歡工作，而且會把工作做得很好，因為工作是我最好的朋友，我所有的好東西都是工作得來的，我的農場、牛群還有農作物，全部都是。」

「是啊，那這些東西現在在哪裡呢？」札巴多語帶嘲弄地說，「我認為不勞而獲比較聰明，你們看著好了，要是我們被賣到城牆去工作，我一定會找個像是挑水之類較輕鬆的工作，而你們這些熱愛工作的人，就會一直挑磚頭，挑到背斷了為止。」接著他就恣意大笑了起來。

那天晚上我被恐懼感所侵擾，根本睡不著。我擠到守衛繩旁邊，趁著其他人還在呼呼大睡時，我試著吸引葛多索的注意，他是第一班站哨的衛兵，也是阿拉伯的土匪，就像流氓一樣，要是他搶了你的錢包，那他大概會順便把你的喉嚨給切斷。

「葛多索，跟我說一下。」我小聲地問，「我們到巴比倫之後，是不是會被賣到城牆去工作？」

「你問這個做什麼？」他很謹慎地反問我。

「你不懂嗎？」我懇求他，「我還年輕，我想要活下去，不想在城牆那裡做苦工或者被打死啊，能不能把我賣給好一點的主人？」

他也小聲回答，「告訴你吧，我覺得你這傢伙還不賴。沒有任何問題的話，通常我們會先到奴隸市場去，注意聽好，如果有買家上門，就告訴他們你會很認真，願意為好主人努力工作，盡量讓他們把你買走。如果你沒被買走，隔天你就得去背磚頭了，這可是超級苦差事！」

58 致富祕訣

愈是逃避工作，反而愈可能陷入困窘的局面；認真努力工作反而是你擺脫困境最好的朋友。

他走開之後，我就躺在溫暖的沙中，一邊看著天上的星星，一邊想著工作的事。梅格多說工作是他最好的朋友，我很好奇，工作會不會也變成我最好的朋友？如果努力工作能讓我擺脫奴隸之身，當然就是我的好朋友。

等到梅格多睡醒，我就偷偷的告訴他這個好消息，這消息可是我們到巴比倫之後的一線曙光。這天下午，我們已經接近巴比倫的城牆，可以看到許許多多的人，就像黑色的螞蟻般在陡峭的斜坡爬上爬下。當我們走得更近時，大家都很驚訝，居然有數以千計的工人在工作！有些人在挖護城河，還有些人在做泥磚，但是為數最多的，是負責用籃子把磚頭挑上陡峭斜坡的工人，要把磚頭挑去給泥水匠（註：此為古代巴比倫的著名工程，包括城牆、神殿、空中花園與灌溉渠道，都是由奴隸所建造。大部分的奴隸都是戰俘，這也說明了奴隸受到何種慘無人道的對待；這些奴隸中也包括巴比倫和附近地區的市民，他們可能是因為犯罪或財務問題而被賣給奴隸販子。在那個時候，常有人將自己、妻子或小孩，當成貸款、法律判決或是替代其他責任的抵押品，通常最後都會被當成奴隸賣掉）。

工頭咒罵那些偷懶的人，還用牛腱做成的鞭子抽打落在隊伍後方的工人。我們看見許多筋疲力盡的可憐工人步履蹣跚地走著，有些被沉重的籃子壓倒，爬不起來。如果到了最後，再怎麼鞭打也站不起來時，這些人就會被推到路旁，放任他們自己扭動著疼痛的身軀。不用多久，他們又會被拖到路旁的屍體中，等著被送進污穢的墳墓裡。看到如此恐怖的景象，我不禁顫抖，如果沒有在奴隸市場被買走的話，等著我的就是這種下場。

59
致富祕訣

把工作視為好朋友，讓自己喜歡工作；感覺辛苦時，就想想達成工作目標時的成就感和幸福吧！它會讓你更有動力堅持下去。

葛多索說得很對！

走過巴比倫的城門之後，我們被關進奴隸獄所，隔天就被帶到市場的圍欄裡販賣。我們所有的人都瑟縮在一旁，只有守衛的鞭子可以逼著奴隸們走出來，讓買家好好檢視。梅格多跟我迫不及待的和每一個買家攀談，好讓我們可以得到他們的青睞。

當海盜抗拒時，奴隸販子就帶來國王的衛兵，將海盜銬上腳鐐，狠狠地打了他一頓，隨後就把他帶走了，我覺得有點對不起他。

梅格多覺得我們很快就會分開了，趁著買家不在旁邊，他誠摯地告訴我，未來要怎麼工作對自己才有好處：「有些人很討厭工作，甚至把工作視為敵人，不過你最好把工作當成朋友，讓自己喜歡工作；雖然很辛苦，但不要太在意，試著想想自己蓋好的房子會有多雄偉，自然就不會在乎梁柱有多重，或者要走多遠去運水回來拌灰泥。答應我，孩子，如果有主人把你買走，要盡最大的努力為他工作，要是他不感激你的努力，也別在意，你只要記住，把工作做好，對你絕對有好處，可以讓你成為更傑出的男子漢。」

此時，有位魁梧的農夫走到圍籬前，仔細打量我們。

60

致富祕訣

盡力把工作做好，對你一定會有好處！

梅格多趁機問他農場跟作物的情況，向他證明自己是個有價值的人。於是農夫跟奴隸販子經過一陣討價還價後，從長袍裡拿出一只飽滿的錢袋，沒多久，梅格多就跟著新主人離開了。

整個上午，被買走的人只有幾個。中午時葛多索向我透露，這個奴隸販子很令人作嘔，他明天一早就會離開，而且在今天日落時就會把剩下的奴隸賣給國王派來的買家。我開始感到絕望，此時有位又胖又和藹的先生走上前，詢問我們之中有沒有烘焙師。

我走近他說，「為什麼像你這麼優秀的烘焙師，要用這麼差勁的方法找尋另一位烘焙師？培養一個像我這樣很有意願工作、學習的人不是比較容易嗎？看看我，我既年輕又強壯，而且願意工作。給我個機會吧！我會盡我所能幫你賺錢的。」

他對我的意願印象深刻，開始跟奴隸販子殺價。顯然奴隸販子買了我之後一直都沒注意過我，如今發現我強健的體魄與性格，才滔滔不絕地想要提高價錢，此時我就好像是要賣給屠夫的肥牛。最後，終於成交了！我真的非常開心！我跟著新主人離開此地，覺得自己是巴比倫最幸運的人。

我的新家很對我的味，我的主人名叫納納奈德，他教我如何用庭院的石碗輾碎大麥、如何在烤箱內生火，以及如何把芝麻粉磨碎好用來做蜂蜜蛋糕。我在穀倉內有張床鋪，年老的奴隸管家史瓦蒂讓我吃得很好，我幫忙做粗活時她也很高興。

這就是我所渴望的機會——在主人面前展現我的價值，也希望能找到重獲自由的方法。

我請納納奈德示範如何揉麵團、烤麵包，他也很高興我有意願學習。當我的技巧熟練之後，我就請他教我做蜂蜜蛋糕，過沒多久，我就可以負責所有的烘焙工作了。

我的主人也很樂意整天閒著，但史瓦蒂都會搖搖頭表示反對，她說：「沒事做是很不好的。」

我覺得時候差不多了，得想辦法賺錢買回我的自由。這天中午我烤完蛋糕，開始想著，如果我下午能做其他工作賺錢，然後跟納納奈德平分，他應該也會贊同才是。隨後我又有個想法，我可以多烤些蜂蜜蛋糕，然後在城裡沿街叫賣，不是很好嗎？

我把計畫說給納納奈德聽：「我可不可以在每天烘焙結束後，用下午的時間去為您賺一些錢，然後跟您均分收入呢？如此一來，我也有錢可以買買想要或需要的東西，這樣應該很公平吧？」

「公平，當然公平。」他允許了。我把沿街兜售蜂蜜蛋糕的計畫告訴他，他也顯得很開心，並提議說，「乾脆這樣吧，兩塊蛋糕賣一分錢，賺到的錢有一半算是麵粉、蜂蜜以及木柴的材料費，剩下的錢我們再平分。」

他慷慨地讓我可以分到四分之一的蛋糕錢，我實在很高興。當天晚上我工作到很晚，因為我做了一只托盤來放蛋糕，納納奈德為了讓我出門能夠體面些，也給了我一件破舊長袍，史瓦蒂則幫我把長袍補好，還洗得很乾淨。

隔天，我多烤了一些蜂蜜蛋糕。我把可口的咖啡色蛋糕放在托盤上，大聲地沿街叫賣。剛開始沒什麼人有興趣，我有點沮喪，但到了下午稍晚的時間，就開始有人肚子餓了來買蛋糕，結果蛋糕很快就被買光了。

納納奈德相當開心，也很樂意地把賺來的錢分給我，我終於有了自己的錢，高興不已。

梅格多說得對，主人會欣賞努力工作的奴隸。那天夜裡我開心得難以入眠，不斷盤算著我一年可以賺多少錢，又要過多少年才能換得自由之身。

61 致富祕訣

雇主或想要挖掘人才的人，他們欣賞的是肯努力工作的人。

此後，我每天都出門賣蛋糕，也漸漸開始有了固定的客群。其中一位就是你的祖父——阿瑞．古拉，當時他是專門賣毛毯的，多半都是賣給主婦們。他時常往來於不同城市間，身邊驢子的背上總是堆著高高的毛毯，還有一名黑奴負責牽驢子。他一次都會買兩塊蛋糕，他跟奴隸一人一塊，也會一邊吃蛋糕一邊跟我聊天。

你的祖父有天跟我說了一些話，我永遠都不會忘記，「孩子，我喜歡吃你賣的蛋糕，但我更欣賞你努力賣蛋糕的進取心，這種精神能帶你走上成功之路。」你能瞭解嗎？哈丹．古拉，這些激勵的話對一個在大城市付出一切，獨自掙扎想擺脫羞辱的奴隸小子而言，代表多大的意義？

幾個月過去了，這段時間我都很努力存錢，現在腰帶上錢包的重量終於讓我感到有點欣慰。就像梅格多說的，工作已經變成我最好的朋友了，雖然我很開心，但史瓦蒂卻很擔心。

「我有點害怕，主人花太多時間流連在賭場了。」她這麼說。

有一天，我在路上遇到梅格多，我真是欣喜若狂。那時他正帶著三匹驢子載運蔬菜要到市場去賣，他說：「我現在過得很好喔！我的主人很欣賞我努力工作的態度，現在我已經是領班了。你看，他甚至把市場的工作交給我，還叫我的家人一起過來。工作已經幫我脫離了困境，總有一天，工作也會幫我買回自由之身，到時候我又會有自己的農場啦！」

隨著時光流逝，納納奈德變得愈來愈焦躁，老是希望我快點賣光蛋糕，好早一些把賺來的錢分一分，還要求我開闢其他市場，才可以多賣一點。

我常常到城門外去兜售，把蛋糕賣給建造城牆的奴隸工頭們。我實在不喜歡見到奴隸工作的景象，但因為工頭們常會買下不少蛋糕，我無法捨棄這些好客戶。某一天，我見到札巴多正等著要把磚頭裝上籃子。我感到十分訝異，因為他變得又駝又憔悴，背上佈滿了工頭用鞭子抽打的傷痕與潰爛的傷口。我覺得很對不起他，給了他一塊蛋糕，他就像飢餓的野獸，把蛋糕囫圇吞棗的吃了下去，我從他眼裡看見了飢餓的貪婪，在他要把我的托盤搶走之前就快速跑開了。

有一天，阿瑞．古拉問我說，「你為什麼這麼努力工作？」就跟你今天問的一樣，還記得吧？於是我告訴他梅格多對工作的看法，還有如何讓工作變成最好的朋友的方法；我很驕傲地炫耀荷包裡的錢，也說了我要如何買回自由的計劃。

62 致富祕訣

讓工作成為你最好的朋友，就有機會可以驕傲地炫耀你荷包裡的錢。

「當你重獲自由後，你想做什麼？」他這麼問我。

我回答，「我要成為商人。」

接著，他向我透露一件我從來沒想過的事，「你不知道吧，其實我也是個奴隸，正在跟我的主人合夥工作。」

「停！」哈丹．古拉要我住口，「我不想聽你鬼扯，你根本是在誹謗我的祖父，他不是奴隸！」他眼中熾燃著怒火。

沙魯．納達依然很沉著地說，「我很尊敬他，因為他擺脫了厄運並成為大馬士革的市民領袖，而你是他的孫子，是否也有同樣的氣度呢？你是否承受得住面對事情的真相，還是要永遠活在虛幻的假象之中？」

哈丹．古拉在馬鞍上挺直身軀，用壓抑內心深處情感的音調回答，「大家都愛戴我的祖父，他有數不清的豐功偉業。比方說，在大馬士革面臨饑荒時，他不就花錢從埃及買了穀物，還派自己的商隊運回城裡分送給大家，才讓所有人免於饑餓之苦嗎？現在你居然說他曾經是巴比倫身分卑賤的奴隸！」

「他在巴比倫當奴隸的日子，可能的確被大家所鄙視，但當他靠自己的努力成為大馬士革的偉人後，眾神也確實赦免了他的厄運，並讓他得到眾人的尊敬。」沙魯．納達如此回答。

他接著繼續說：

他告訴我說他自己也是奴隸，也很急於買回自己的自由之身。現在，他是存夠了這筆錢，但卻很煩惱該怎麼做。如果自由了，就意味著不能再這樣賣東西賺錢，也很害怕失去主人的照料。我反對他猶豫不決：「別纏著你的主人不放，重新變回自由的人，再次邁向自己的成功之路！找到自己渴望的目標並且努力工作，就一定能達成目標。」他很高興我罵他不該這麼懦弱，然後就離開了（註：古巴比倫的奴隸制度，對我們而言看起來有些矛盾無法理解，但當時在法律上仍有相當嚴格的規範。奴隸可以擁有任何形式的財產，甚至是私人的奴隸，而且即使是自己的主人也不可以使喚他私人的奴隸；奴隸允許與平民通婚，若母親是自由之身，則兒女也是自由之身；城市中大部分的商人皆為奴隸，通常是與其主人合夥經商，有自己的財產，其中也不乏有錢人）。

63 致富祕訣

欠債、窮苦、出身低微並不可恥，只要你能努力翻身，就會得到別人的尊敬。

某天我又走到城門外，有點驚訝怎麼這麼多人擠在那裡，我隨便問個人，他說：「你沒聽說嗎？有個奴隸逃了出來，還殺了一個國王衛兵，被判鞭打至死，今天會帶來這裡就地正法，連國王都會親自到場。」

處死公告前面擠了非常多人，我不敢擠進人群，這麼多人可能會讓我打翻蛋糕托盤，所以我爬上尚未完工的城牆，讓視線越過眾人的頭頂。我很幸運的找到了位置，還目睹尼布甲尼撒王騎著黃金座騎來到此處，他身上披著金色的天鵝絨長袍，我從沒見過這麼豪華莊嚴的人。

我看不見鞭打的過程，只聽見可憐的奴隸不斷尖叫，有點懷疑我們高貴又俊美的賢王，怎麼忍心看奴隸如此受苦，但我居然看見國王跟其他貴族有說有笑！這時我才知道，他原來是這麼的殘酷，也才終於瞭解，這樣硬是讓奴隸犧牲生命來建造城牆，是如此慘無人道的任務。

那名奴隸死了之後，還被用繩子綁住了腳吊在竿子上，讓所有的人都能看見。當人潮逐漸散去，我靠近看，在毛茸茸的胸前，我看見了刺青，圖案是兩條糾纏的毒蛇——他是海盜！

然後，在我下一次見到阿瑞．古拉時，他簡直完全變了個人。他充滿熱情地跟我打招呼：「快看，你之前認識的奴隸已經是自由之身了。你那天說的話好像充滿了魔力，我的生意蒸蒸日上，也賺得愈來愈多。我的妻子也非常高興，她是我主人的姪女，也是自由之身，看來我們的孩子應該不至於以我過去的命運為恥。工作成為我最大的助手，讓我重新找回自信，也讓我有技巧把生意做好。」

我也很高興，即使只是幫了個小忙，至少能回報他之前鼓勵我的恩情。

某天晚上，史瓦蒂相當憂鬱地對我說，「主人遇到麻煩了，我很擔心。他幾個月前賭博輸掉很多錢，他付不出跟農夫買穀物的錢，也還不出跟錢莊借的錢，他們都很生氣，而且還威脅他。」

「我們為什麼要為他做出的蠢事擔心？我們又不是他的監護人！」我很冷淡地回答。

「愚蠢的小夥子！你根本不懂。主人已經把你抵押給錢莊了！依照法律你是主人的財產，他可以把你賣掉。我不知道該怎麼辦，他是很好的主人，為什麼？為什麼會惹上這樣的麻煩？」

史瓦蒂並不是杞人憂天。

隔天，我正在烘焙的時候，錢莊老闆帶了名叫薩錫的人來，薩錫打量了我一番，說我應該可以。

錢莊老闆沒有等主人回來，只是吩咐史瓦蒂轉告主人說，他要把我帶走了，當時我身上只有一件長袍跟腰帶上的錢包，就匆匆被帶離家中，留下尚未烘焙完成的蛋糕。

我被迫與重獲自由的希望分開，就像颶風將森林裡的樹，狂捲到波濤洶湧的海裡一樣。這次，又是賭場跟啤酒帶來的災難。

64
致富祕訣

賭博和酗酒，會讓人變傻、變窮、變可憐，甚至身敗名裂。

薩錫是個直率的人，老是板著一張臉。他帶我走過整座城，我告訴他我為納納奈德做了哪些好差事，也表明我希望他能給我好工作，但他的回答並沒有激勵我：

「我不喜歡這個工作，我的主人也不喜歡，因為國王派他去建造巨大渠道，主人便叫我多買些奴隸，早一點把工作完成。呸！這麼大的工程哪能多快做完？」

請想像沙漠中一棵樹也沒有，只有一些矮灌木，還有熾熱凶猛的太陽，把桶子裡的水燒得熱騰騰的，根本喝不下去。再想像有一整列隊伍，不斷往下開挖，並使盡吃奶的力氣把一籃一籃的泥土搬上來，就這樣來來回回，在鬆垮又滿是塵土的小徑上從日出做到日落。想像食物都堆在飼料槽裡，我們就像豬一樣的吃飼料，我們沒有帳棚，也沒有稻草可睡——然而，這就是我當時的處境。我把錢包埋在某個地方，但我實在懷疑自己還有沒有機會可以把它挖出來用。

剛開始我都很有企圖心，認真工作，但過了幾個月，我已經身心俱疲。由於過度勞累，我開始發高燒，還失去食慾，就連羊肉跟蔬菜都吃不下，到了夜裡心情更是低落到輾轉難眠。

在這段悲慘的日子裡，我有時會想，說不定札巴多的作法才是對的，混水摸魚就好，也不用做到背都斷了，但我接著想起上次見到他的最後一面，就知道他的作法其實很糟。

我也想起海盜過去所受的苦，說不定像他那樣起而奮鬥廝殺才是對的，但腦中他鮮血直流的樣子提醒我，這種下場也很慘。

之後，我想起上次見到梅格多時，雖然他的雙手滿是辛苦工作的痕跡，但他的內心卻是如此光明，臉上也充滿著幸福的神情——我知道，他的作法才是正確的。

而我就跟梅格多一樣，相當願意努力工作。我想梅格多應該沒有比我還認真，為什麼我卻沒因此得到幸福與成功？真的是工作帶給梅格多幸福嗎？或者幸福與成功其實只是眾神賜與他的恩典？我是不是會一輩子都如此努力工作，卻沒辦法達成願望，得不到幸福與成功呢？這些問題讓我的思緒變得雜亂，百思不得其解。那時候，我真的又痛苦又困惑。

幾天之後，正當我再也撐不下去，要帶著這些疑問撒手人寰之際，薩錫來找我了——我的主人派這位使者來接我回巴比倫。我把珍貴的錢包挖了出來，並用長袍撕成的碎布條把自己裹好，跟著薩錫上路。

我們騎在路上，同樣的想法又如同颶風般狂亂席捲我高燒的腦袋。我好像正經歷著家鄉哈朗恩的一首曲子：

「就像被狂風吹襲，
就像被暴風席捲，
未來的脈絡無可追循，
命運的走向無可預知……」

我是不是犯了什麼錯，要受這樣的懲罰？還有什麼樣令人痛苦和失望悲慘命運在等著我？

當我們抵達主人家的庭院，然後見到阿瑞．古拉的時候，你一定沒有辦法想像我有多麼驚訝。他把我從坐騎上扶下來，就像找到失散的兄弟一般擁抱我。

我本來應該像個奴隸服從主人一般，把他當成我的主人，但他不希望我這麼做。

他用手臂搭著我，對我說，「我一直四處找你，本來快要放棄了，但我見到史瓦蒂，她告訴我去找錢莊老闆，藉此找到你當時的買家。我跟他討價還價了好一陣子，最後付給他一大筆錢把你贖回來，但是你值得我花這些錢——因為你的哲理與進取啟發了我，我才能有今天的成就。」

「是梅格多的哲理，不是我的。」我插嘴說。

「是梅格多跟你的哲理，謝謝你們兩位。我正要去大馬士革，需要你當我的夥伴，看好了，」他大聲喊著，「你馬上就是自由之身了！」說完他從長袍裡拿出一塊石版，上面刻著我的奴隸所有權，接著他把石版高舉過頭，用力摔在地上，石版瞬間碎裂成幾百塊小石頭，他開心地踩了踩這些碎石塊，直到碎石塊化為塵土為止。

我的眼中充滿感激的淚水，我知道我是巴比倫最幸運的人！

由此可知，在我最不幸的歲月裡，工作的確是我最好的朋友。樂意工作的態度，讓我逃離淪為城牆上那些奴隸的命運，也讓你的祖父銘記在心，而讓我成為他的夥伴。

哈丹．古拉接著問，「努力工作就是祖父賺錢的祕訣嗎？」

沙魯．納達回答他說，「在我剛認識他的時候，工作的確是他賺錢的重要關鍵。你的祖父非常樂於工作，而且眾神也相當賞識他的努力，所以才會讓他得到了慷慨的回報。」

「我開始懂了，」哈丹．古拉若有所思地說，「努力工作吸引了很多讚賞他事業的朋友，也為他帶來成功；努力工作讓他在大馬士革獲得榮耀；努力工作帶給他所有我所認同的功績——但我卻以為努力工作是奴隸的專利。」

65 致富祕訣

一個人若努力工作，會吸引很多讚賞他事業的朋友，同時也能為他帶來好運及成功。

沙魯．納達解釋說，「生命中充滿許多愉悅等著你去享受，每種事物都不能被取代，我很高興努力工作並不是奴隸的專利，否則我就失去最大的樂趣了。我樂於享受許多事物，但沒有什麼能取代工作的地位。」

沙魯．納達跟哈丹．古拉在城牆高塔的影子下比肩而行，往巴比倫巨大的青銅城門騎去。

到了城門外，城門守衛注意到他們，並尊敬地向這位榮譽市民敬禮，沙魯．納達仰了仰頭，讓長長的商隊進入城中的街道。

「我一直希望變得像祖父一樣，」哈丹．古拉透露，「我從來不瞭解祖父是什麼樣的人，但今天你已經把祖父的故事告訴了我，我終於瞭解了，也更加欽佩祖父，而且下定決心要像他一樣成功。

我怕自己永遠沒辦法報答你，因為你給了我祖父通往成功之門的鑰匙，從今天起，我要妥善運用這把鑰匙，我也要像他剛起步時一樣謙卑，這比珠寶和精美長袍還要更適合我。」

哈丹．古拉一說完，就把耳朵上的珠寶飾品跟手上的戒指都拿了下來，接著甩了甩韁繩，帶著對身旁這位商隊頭領滿懷敬意的心，就此騎上歸途……。

這樣做，才有錢！

1 工作不是敵人，而是朋友。

2 努力工作，不只有助於生財，還能提升身分地位，受到眾人的尊敬。

3 工作時不要只想著辛苦。全心全力的工作，不只有老闆會欣賞，甚至還可能吸引未來能與你一同創業的朋友，並為自己帶來成功。

巴比倫首富財富製造機

先有固定收入
培養自己的本事，就是提升賺錢的能力！

不管有沒有欠債
至少10%收入存起來
不管賺的錢多麼少，你都至少要留下十分之一！

最多90%當生活費
列出花費預算，只做必要支出，別把慾望和必要花費混在一起，不然它會大到跟收入一樣多。
也別過度緊縮，讓自己既能享受生活，滿足最大的渴望，又不會讓花費超過收入的90%。

若有債款，最多70%當生活費，至少20%還債
還清債務才能贏回尊重！

讓每一塊錢都能自我增值
如果只把錢留在荷包裡，雖然是自己擁有的，卻無法賺來更多財富。
【投資】投資特定領域前先瞭解會伴隨哪些風險。
【買屋】房貸就像付房租給房東，但有一天錢會還完，而你將擁有自己的有價財產。
【保險】保險和可靠投資愈早開始愈穩固，不只將來養老，還能保障家人未來的生活。

有錢沒錢都要記住的責任
對家人善盡照顧之責。
對遭受不幸的人要有同情心，並在能力範圍內提供協助！

冒著賠錢的風險也要借人錢
就好像請別人幫你揮霍財產
想對人或朋友伸出援手，一定要找個不會冒險賠上財產的方法。

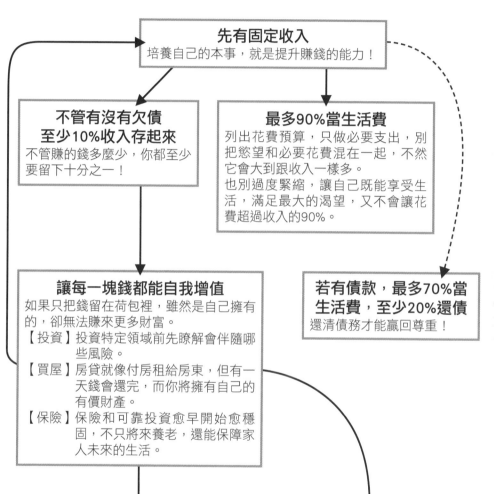

只要不把賺來的錢全部花光，
就有機會讓錢自己送上門來。

14

WEALTH & DREAM

14

WEALTH&
DREAM